FAO中文出版计划项目丛书

# 打造可持续的粮食体系：创新者手册

联合国粮食及农业组织　编著

徐　明　李航浩　张兆方　等　译

中国农业出版社
联合国粮食及农业组织
2022·北京

引用格式要求：

粮农组织和中国农业出版社。2022年。《打造可持续的粮食体系：创新者手册》。中国北京。

01-CPP2021

本出版物原版为英文，即 *Enabling sustainable food systems: Innovators' handbook*，由联合国粮食及农业组织于2020年出版。此中文翻译由农业农村部国际交流服务中心安排并对翻译的准确性及质量负全部责任。如有出入，应以英文原版为准。

ISBN 978-92-5-136813-8（粮农组织）
ISBN 978-7-109-30388-1（中国农业出版社）

# FAO中文出版计划项目丛书

## 指 导 委 员 会

主　任　隋鹏飞

副主任　倪洪兴　谢建民　韦正林　彭廷军　顾卫兵

　　　　童玉娥　李　波　苑　荣　刘爱芳

委　员　徐　明　王　静　董茉莉　朱宝颖　傅永东

ABSTRACT 摘　要

　　可持续的粮食体系对于保障子孙后代的粮食安全和膳食健康至关重要。要实现可持续转型，就必须重新设计粮食体系活动，全球各地无数主体正在为此努力。尽管有些转变相对容易，但要通过转变来推广可持续的消费和生产方式，依旧需要复杂的综合技能。本书面向"可持续的粮食体系创新者"，作者是来自亚洲、非洲、美洲、欧洲的创新人士，他们正领导众多倡议方案，在各地种植、分享、销售、消费更可持续的食品。本书涉及较多案例，旨在通过完善地方粮食体系结构以提升当地可持续发展水平。本书按照"选择你自己的冒险"的故事方式来编排。每位读者，不论是自己读还是跟着互助小组一起读，都能够根据需求个性化定制学习和行动过程。本书包含四大组织创新主题：留住消费者、可持续生产、产品入市和组织有序。

# 序 言 PREFACE

2018年，联合国粮农组织举办了两场与创新相关的活动：一是4月第二届国际生态农业研讨会期间举办的小组互动和创新博览会，二是11月举办的创新研讨会。针对当前农业和粮食体系在追求可持续发展过程中面临的挑战，两场活动都认为出路在创新，并明确把创新写入活动议程。依靠创新，联合国粮农组织能够助力各成员实现可持续发展目标（SDGs）。

2019年，世界粮食安全委员会高级别专家小组发布的关于"采用生态农业和其他创新方法，打造可持续农业"的报告是对联合国粮农组织"节约与增长"系列丛书丰富经验的总结。防止养分流失、整合生产体系、缓解气候变化，为生态农业生产体系创新提供了无数的创新机遇。寻找共创共享可持续农业知识的新方式，是确保用户获得新信息、新技术、新模式的优先事项，也是确保创新举措得以落实的优先事项。农民、消费者和地方组织进一步参与粮农产品可持续性研究、推广和保障，为动态的学习进程开辟了新路径。

全球粮食体系正面临营养状况不良的双重压力，即饥荒和肥胖发生在同一个国家，甚至同一个人身上，所以粮食体系格外需要创新。《2019世界粮食安全和营养状况》强调了这些现象的成因，包括冲突、贫困、边缘化，还有粮食获取和利用中现存以及日益严重的不平等问题。本书英文版出版时发生的新冠肺炎疫情危机验证了粮食体系创新的重要性，尤其是要重新布局并进一步丰富这些体系，从而确保体系的复原力。粮食体系组织架构的改变，要突出弱势群体的粮食获取，推广包括生物多样性保护在内的可持续性农业，宣传健康营养的膳食。这些转变的关键是要增加生产者和消费者之间的交流，改变他们与粮食环境的互动方式和作用方式。消费者并没有被动接受，而是在寻求健康的、以可持续方式种植的粮食，寻求能拉动当地经济并包容小农户的贸易体系，参与优化粮食体系的热情日益高涨。

本书汲取了20多个国家的宝贵经验，展现了可持续转型中的粮食体系。这些创新活动挑战并改变规范、制度、模式以及粮食体系主体之间的关系。本书旨在给那些希望为粮食体系转型做贡献的主体提供帮助。书中的建议是科学知识和经验的总结，为的是鼓励人们要对世界各地主体的创新能力以及打造可持续粮食体系的前景保持乐观态度。

Rémi Nono Womdim
**副司长**
**植物生产及保护司（AGP）**
**联合国粮农组织**

Anna Lartey
**司长**
**粮食及营养司（ESN）**
**联合国粮农组织**

# 前 言 FOREWORD

　　本书是集体智慧的结晶。该项目成立于2013年，最初是为进一步了解地方主体各自在甚至没有正式认证的情况下，为何以及如何通过建立可持续粮食产品市场来打造本地粮食体系。项目随后发展成为一个参与式研究项目，意在从四大洲收集创新性倡议和优秀集体智慧，从中提取出支持可持续粮食体系转型的制度性创新模式。团队起初只有3位女性，之后每年都有新成员加入，项目不断扩大，项目成员的国籍、性别和工作经验也多种多样。

　　最终在团队努力下汇成此书。它也是联合国粮农组织和法国国家农业食品与环境研究院（INRAE）联合出版的可持续性农业国内和地方市场制度性创新系列出版物的第三册。书中的观点、文本由两个线下写作工坊（2016年在泰国清迈和2017年在印度新德里）以及2017年组建的线上工作组共同撰写完成。2018年，本书初稿在印度新德里和塞内加尔捷斯试读后，保证了可读性和趣味性。

　　通过本书，我们想要传递的核心内容是推动粮食体系转型需要团队协作和系统思维，要弄明白生产粮食需要什么，涵盖知识、原料、技术、关系、价值和自然过程等。面对生物多样、文化多元的世界，没必要让两个同样可持续的粮食体系看起来一模一样。多样性不应该是限制，而应该被视为创新的机遇，以及粮食种植、贸易和消费新规则的源泉。因此，实现粮食体系转型，必须首先承认构思未来粮食体系的形态需要集思广益。希望这本书能为此有所贡献。

| Allison Marie Loconto | Anne-Sophie Poisot | Pilar Santacoloma | Pilar Santacoloma |
|---|---|---|---|
| 副主任 | 方案协调员 | 农业粮食体系官员 | 可持续市场顾问 |
| 科学、创新、社会跨学科实验室（LSIS） | 植物生产及保护司（AGP） | 粮食及营养司（ESN） | 粮食及营养司（ESN） |
| INRAE | 联合国粮农组织 | 联合国粮农组织 | 联合国粮农组织 |

# ACKNOWLEDGEMENTS 致　谢

本书以系列写作工坊和工作组的形式集体编写完成，做出贡献的个人包括：

Allison Loconto，法国国家农业食品与环境研究院/联合国粮农组织

Marcello Vicovaro，联合国粮农组织

Pilar Santacoloma，联合国粮农组织

Anne-Sophie Poisot，联合国粮农组织

Ashish Gupta，贾维克·哈特/格拉姆·迪沙信托基金

Michael Commons，地球网络基金会

Jocelyn Parot，国际社区支持农业联盟

Oscar Javier Nieto，地球家族

Carmen Cabling，奎松参与式保障体系

Jaime Aguirre，地球家族

Jelena Petrov，克罗地亚公共机构RERA SD

Julie Matovu，FreshVeggies有限公司

Judith Hitchman，国际社区支持农业联盟

Rosinah Mbenya，肯尼亚参与式生态用地管理协会

Emmanuel Simbua，坦桑尼亚茶叶研究所

Ross Mary Borja，"生态乡村"基金会

Patricia Flores，国际有机农业运动联盟

Andrea Moya，Claudia Helena Prieto公共卫生主题公园，综合卫生服务提供网络

Mathew John，印度Keystone基金会

José Antonio da Silva Marfil，巴西Ecovida生态农业网络

Darli Bengh，巴西Ecovida生态农业网络

石嫣，中国分享收获农场

Chris May，国际有机农业运动联盟

René Piamonte，生物动力协会咨询师（Terrahabilis - Demeter）

Susan Boohaker，联合国粮农组织/罗马美国大学

Collier Lumpkin，联合国粮农组织/罗马美国大学
Zachary Reif，联合国粮农组织/罗马美国大学

我们的工作得到了"一个星球网络"的可持续粮食体系计划核心倡议3（全价值链的可持续性）的支持。我们向在此过程中提供资金和制度支持的联合国粮农组织（植物生产及保护司、粮食及营养司、可持续土地管理司）、法国国家农业食品与环境研究院（INRAE）、古斯塔夫·埃菲尔大学、瑞士联邦农业局（FOAG）、全球环境基金韧性粮食体系综合方式试点项目（GEF IAP）表示感谢。同时感谢其他组织为促成本书提供的制度性支持。

尤其要感谢联合国粮农组织的同事：Florence Tartanac、Renée van Dis、Jorge Fonseca、Guido Santini 和 Michael Clark，感谢他们为具体章节和整体文本提出的宝贵意见。还要感谢两位匿名的读者，他们提的建议也为行文增色不少。另外，感谢在印度和塞内加尔的同事们，他们通过国内测试为本书提供了反馈意见。最后感谢 Tara Dourian 和 Judith Hitchman 所做的文字编辑工作，以及 Bartoleschi 工作室所做的排版工作。

# ACRONYMS 缩略语

| | |
|---|---|
| ACOPA | 巴拉那州生态农业产品消费者协会（巴西） |
| APEGA | 秘鲁美食协会 |
| ANPE | 秘鲁全国有机生产者协会 |
| BAFS | 农业和渔业标准局（菲律宾） |
| BFM | 北京有机农夫市集（中国） |
| BMZ | 联邦经济合作和发展部（德国） |
| CACP | 农业成本及价格委员会（印度） |
| CDPH | 人类潜能开发中心（哥伦比亚） |
| COPACO | 公共卫生领域的社区参与委员会（哥伦比亚） |
| CONAB | 全国供应公司（巴西） |
| CSA | 社区支持农业 |
| CSO | 民间社会组织 |
| CSR | 企业社会责任 |
| ECOWAS | 西非国家经济共同体 |
| ELUM | 生态用地管理 |
| EU | 欧洲联盟 |
| FAO | 联合国粮食及农业组织 |
| FDT | 地球家族（哥伦比亚） |
| FFS | 农民田间学校 |
| FNDASP | 国家农林牧发展基金（塞内加尔） |
| FNRAA | 国家农业和农业粮食研究基金（塞内加尔） |
| FSSAI | 印度食品安全和标准局 |
| GAP | 良好农业规范 |
| GEF | 全球环境基金 |
| GMO | 转基因生物 |
| GPAFS | 全球农业和粮食安全伙伴关系 |

| | |
|---|---|
| ICA | 国际合作社联盟 |
| ICS | 内部控制系统 |
| IFAD | 国际农业发展基金 |
| IFOAM | 国际有机农业运动联合会 |
| IFPP | 公共机构食品采购计划 |
| IICA | 美洲农业合作研究所 |
| ILUD | 综合性用地规划 |
| INRAE | 法国国家农业食品与环境研究院 |
| IPBES | 生物多样性和生态系统服务政府间科学与政策平台 |
| IPPS | 公共机构采购计划 |
| IPM | 病虫害综合防治 |
| IT | 信息技术 |
| JKUAT | 乔莫·肯尼亚塔农业科技大学（肯尼亚） |
| LANAC | 分析与控制国家实验室（塞内加尔） |
| MAIL | "市场准入改善生计"计划（乌干达） |
| MASIPAG | "农民和科学家促进农业发展项目"（菲律宾） |
| MFGS | "农民和科学家促进农业发展项目"农民保障体系（菲律宾） |
| MIDIS | 发展和社会包容部（秘鲁） |
| MKSP | 女性农民赋权计划（印度） |
| MSP | 最低支持价格 |
| NGO | 非政府组织 |
| NMSA | 国家可持续农业任务（印度） |
| NOA | 纳米比亚有机协会 |
| NRWRP | 国家重新造林和流域恢复计划（特立尼达和多巴哥） |
| PAA | 食品采购计划（巴西） |
| PKVY | 传统农业进步计划（印度） |
| PNAE | 全国学校供膳计划（巴西） |
| ODA | 官方发展援助 |
| OFN | 开放食品网络 |
| PAAMG | 食品采购计划管理集团（巴西） |
| PGS | 参与式保障体系 |
| PMR | 参与式市场研究 |
| REDD | 减少毁林和森林退化所致排放量 |

| RERA SD | 斯普利特－达尔马提亚地区发展与协调公共机构（克罗地亚） |
| SADMAD | 达喀尔地区对抗营养不良的可持续粮食体系（塞内加尔） |
| SAFA | 粮食和农业系统的可持续性评估 |
| SAG | 农牧业服务（智利） |
| SCOPE | 学校和学院永续农业项目（肯尼亚） |
| SDG | 可持续发展目标 |
| SFS | 可持续粮食体系 |
| SHARP | 农牧民抵御气候变化能力自我评价和综合评估 |
| SMF | 小农户和边缘农户 |
| SWOT | 优势、劣势、机会、威胁 |
| TAC | 旅游行动委员会 |
| TIDCO | 特立尼达和多巴哥旅游与工业发展公司 |
| TOT | 培训员培训 |
| TRIT | 坦桑尼亚茶叶研究所 |
| TWG | 技术工作组 |
| UEMOA | 西非经济货币联盟 |
| VMGV | 愿景、使命、目标和价值观 |
| WATCO | 农民茶叶公司（坦桑尼亚） |

# 重要概念 | KEY CONCEPTS

**生态农业**是一种复合生产方式，它将生态学和社会学的概念和原则同时应用于农业和粮食体系的设计和管理。生态农业的目的是改善植物、动物、人类和环境之间的关系，同时兼顾打造公正、可持续的粮食体系过程中要解决的社会问题。《生态农业十项要素》旨在指导政策制定者、农业从业人员和利益相关方进行生态农业转型的规划、管理和评估，包括多样性、协同作用、效率、恢复能力、循环利用、知识的共创共享、人类和社会价值、文化和饮食传统、负责任治理等十大要素。这些要素紧密相连、互相依赖（FAO，2018a）。

**盒子计划**也可以被称之为笤筐或者车筐计划，属于直销模式或者较短供应链的供给方式。生产者将产品装入盒子，定期直接送到消费者手上。尽管所需投入存在巨大差异，但此类计划往往视同为社区支持农业（CSA）（参阅下面的定义）。

**认证**是指一方提供书面担保，证明某产品、过程或服务符合一定标准的程序（ISO，2012）。认证可以理解为供应链中的一种沟通方式。证书告知买家供应商符合一定的标准，这比供应商自己做出保证要更具可信度。本书中，在描述各种主体如何能够确保其他主体遵循特定的可持续性原则时，我们采用"担保"而不采用"认证"的说法（FAO，2003）。

**循环经济**是指在一个理想的闭环中，分享、租赁、再利用、翻新和回收产品。其目标是通过保持产品和材料的流通，从而减少浪费（Whitaker等，2017）。

**社区支持农业（CSA）**是一种农场和消费者共担风险、共享收益的伙伴关系模式。社区支持农业起源于20世纪70年代日本的提携（Teikei）模式，其组织方式各有差异，但都遵循以下四项原则：①合作性。社区支持农业的基础是合作，形式通常是消费者和生产者之间单独签订契约，其特点是双方承诺在相当长的一段时间内相互提供金钱或食物，而非一次性交易行为。口头或书面的契约会持续几个月、一个季度甚至一年。②地方性。社区支持农业是再次推动经济实现地方化的一种模式。但是社区支持农业中涉及的"地方性"不局限于地理概念。地方的生产者还应该很好地融入周围环境，他们的工作应该惠及支持所在社区。③团结性。社区支持农业的另一个基础是生产者和其支持群体之间的团结，双方共担追求健康生产的利益和风险，适应季节更替，尊重环境、尊重自然和文化遗产、尊重健康；价格合理透明，让农民和其家人维持农场运作，过上体面的生活。④生产者和消费者之间和谐关系的基础是人与人之间直接的沟通，要相互信任，两者之间没有中介，也不分等级。

**粮食体系**包含所有元素（自然资源、人、投入品、流程、基础设施、制度、农产品等），涵盖粮食生产、加工、流通和消费各环节以及各环节的产出，还包括社会经济和环境影响（HLPE，2014）。本书中，我们认为食物垃圾的处理也是粮食体系的重要一环。

**创新**是指个人或组织掌握并采用全新的产品和服务设计和生产的过程，而不论这些产品和服务对于他们的竞争者、所在国家或者全球来说是否是全新的（FAO，2014）。"农业创新涵盖整个价值链中生产周期的各个层面——从农林牧渔生产到投入品与资源管理，再到组织和市场准入。比如，创新可能涉及作物新品种的种植、传统模式与科学新知的结合、应用新的有害生物防治方法和收获后模式，以及以更创新、更有效的方式融入市场。创新光靠技术不行，社会、经济、制度（机制）、政策等其他维度的创新更为重要，除此之外还要看能否对家庭农场有益"（FAO，2018d）。

**有机农业**在本书中用于指那些经过公共或私人有机标准认证的生态农场。认证的过程可以通过第一方（比如在印度），也可通过第三方或者参与式保障体系。地方创新人士自己使用该术语的频率取决于国家层面对于有机生产的监管情况、他们的客户基础以及他们国家有机农场的历史传统。有的时候，即便一些生产者得到了有机认证，他们也更喜欢用"生态农业"一词来界定自己的模式。

**参与式保障体系（PGS）**是小范围的质量保障体系。该体系根据利益相关方的参与积极程度给予认证，其基础是信任、社会网络和知识共享（IFOAM，2019）。本书中，参与式保障体系和认证一样，都是保证模式可持续性的手段。

**合理价格**指的是对交易中各方来说都能接受、合情理的价格。合理价格是公正、可持续的价格。各主体可借助真实成本核算获得合理价格。

**供应链**是一系列过程（决策和执行）和流程（物流、资金流和信息流）的结合，旨在满足终端客户需求，它发生在从生产到消费全过程的不同阶段内部或不同阶段之间。供应链不仅包括生产商和供应商，还根据物流情况不同，包括运输商、仓库、零售商和消费者。广义的供应链可能还包括新产品开发、营销、运营、分销、资金和消费者服务（FAO，2017）。

**可持续粮食体系（SFS）**是能够为所有当代人保障粮食安全和营养，同时又不损害为子孙后代保障粮食安全和营养的经济、社会和环境基础的粮食体系（HLPE，2014）。

**互助经济**是一场旨在将现行经济社会体制转变成以合作性、互助性、便捷性、直接性交换为基础的、连接个人需求与群体需求的交换方式。它的基础是满足地方、区域和国际社会需求的生产模式以及商品和服务的交换利用。它推动经济民主、社会正义、环保意识、粮食主权、性别平等以及多元化、跨文化手段。互助经济目前已广泛存在于世界各地成千上万的公民倡议、互助模式和协作网络当中。

**可追溯性**是指通过标识记录，对某个物品或活动的历史情况、应用情况或物品所处位置进行追溯的能力。可追溯性主要涉及两方面：一是通过标记识别产品；二是在生产、加工和销售链中记录产品数据（FAO，2016b）。

**透明度**在粮食体系中指的是公众或供应链中的任何利益相关方是否了解相关信息，尤其是能否得知合理价格和真实成本的核算信息。在可持续粮食体系中，即使在对生产者或消费者不利的情况下，任何人也能够自由获取信息。

**透明中介**是指在可持续粮食价值链中那些能够保障生产者和消费者公开透明达成交易的个人或实体。其中货币功能是最应优先满足的功能。理想状况下，他们致力于为生产者和消费者提供公平的获取渠道。

**真实成本核算**（又称全额成本核算、总价值、总影响）"把环境和社会资产等非市场化的产品引入发展的等式，便于进行企业成本收益分析并进行决策。为此，必须赋予生态系统服务或生态系统健康（等）以货币价值。其最终的目的并不是要把大自然或人类货币化，而是把无形的资源（过去被排除在传统财务会计外的智力资产、人力资产、社会资产和自然资产）转换成通用货币，便于针对影响和依赖性，做出影响整体价值创造的战略性决策"（FAO，2017）。

# CONTENTS |目　　录|

## 第一篇　留住消费者

## 第二篇　可持续生产

## 第三篇　产品入市

## 第四篇　组织有序

# 导　论

　　"我们需要推动粮食生产和消费方式的转型变革。我们需要建设既能提供健康营养的食物，又保护环境的可持续粮食体系。

　　生态农业可为推动这样的转变提供诸多利好，特别是对于饥饿问题突出的发展中国家，它可以让当地农业、农村更有韧性。得益于其能够推动地方经济发展、保护自然资源和生物多样性以及促进适应和减缓气候变化的优点，生态农业已是实现2030年可持续发展议程和应对各种挑战的一种重要途径。"

**若泽·格拉齐亚诺·达席尔瓦**

联合国粮农组织总干事

在第二届国际生态农业研讨会上的发言

意大利罗马　2018年4月3日

　　我们正处在一个关键时期。显然，人类必须立即采取行动，来确保能养活今世及后代的粮食体系的可持续性（FAO，2012）。人类世（Crutzen，2006）的到来，加上生物多样性平台（IPBES）（Brondizio等，2019）报告的生物多样性以前所未有的速度消失，让人们非常担忧地球是否有能力维持当代人类的饮食和生活方式习惯。无论是在发展中国家还是发达国家，有关城市中心扩张引发的粮食安全争论已引起广泛担忧（Fressoz和Bonneuil，2016）。EAT-柳叶刀委员会关于健康饮食的报告指出，由于"全球大量人口面临营养不足，加上许多生态系统和其流程也因粮食生产突破了安全边界，粮食体系全球性变革迫在眉睫"（Willet等，2019）。也就是说，我们不能只关注粮食生产实践（例如，生态农业和气候适应型模式）的可持续性，还要关注健康多样粮食需求的可持续性。

　　那么谁来负责实现今世及后代粮食需求和供给的再平衡呢？可持续发展目标（SDGs）的提出，为国际社会推动解决社会性问题开辟了新路径，同时表明再平衡过程很复杂，因为在当今世界，社会性挑战都是相互交织的。要实现粮食体系可持续转型，必须推动多个重要方面的改变：粮食种植和食用方式，自然资源使用和保护方式，自然资源转化为食品、能源和材料的方式（转化后进入运输、分配环节，有时会出现浪费），自然资源利用后的循环方式，活动的融资方式，工作和社区的组织方式，粮食体系活动中不同主体提供的各种知识价值的衡量方式。而这样的改变又涉及从地方、区域到国家、地区、国际各层面的参与。人人都要作贡献，不能仅仅依靠政府或私营部门，无数的个人、民间团体、研究人员、从业者也都必须作出贡献。

这似乎是一项艰巨的任务。如果任务只是分配给个别在全球层面开展工作的主体，那确实很艰巨。然而，全球粮食体系的丰富性能够催生小规模的改变，这些小的变化不断累积，形成合力，就能共同推动全球粮食体系的转型。可持续发展目标12（负责任的消费和生产）列出了确保可持续消费和生产模式的具体目标。"一个星球网络"可持续粮食体系计划（UN Environment, 2020）实施过程中，乐于奉献的主体通过采取小规模的举措，来应对传统粮食体系可持续转型面临的众多挑战，这对于实现可持续发展目标12很有帮助。透过这些实例，我们能够了解到它们是如何推动必要改变，影响甚至带动全球粮食体系更大规模的转型。

正是在这样的背景下，我们来探讨可持续粮食体系的创新。为保证未来粮食体系的可持续性，需要提出新的（或被遗忘的）观点、模式和组织方式，保证所有把从土壤和水生态中栽培出来的食物送进我们嘴里的活动都兼顾环境可持续性、经济包容性和社会正义性。

过往的研究和多年来的实践经验表明，发展中国家的小农和家庭农民已经找到了应对当地粮食体系可持续转型挑战的创新解决方案（FAO, 2014、2016a、2018b、2018c）。多年来，他们运用各种词语来描述所做的工作：生态农业粮食体系、社区支持农业、传统粮食体系、农夫市集、盒子计划、短粮食价值链、粮食大会、可替代性农业粮食体系、地方粮食体系、巢状市集、农民食品网络等。这些活动往往无人知晓，或者只限于地方群体。因此，需要开展横向的观念和知识分享，从而加强（强度增加）或扩大（在其他地方进行复制并改良）这些创新的影响，使其更具包容性，让更多的地方主体能够试图找到适合本地的观念和行动。作为本书的重要目的之一，这样的复制改良能进一步鼓励创新，也能够促进全球人类的观念创新和行动互助。

## （1）受众、目的、范围

本书的目的是向那些我们称之为**粮食体系创新者**的主体提供帮助。促使他们积极开展可持续粮食体系中农业价值的（再）评估，即改变粮食和农产品的生产、转化、运输、储存、销售和消费方式。以作者们的经历来看，这些主体包括农民、研究人员、商人、消费者团体、坚定的消费者个人、非政府组织、地方官员等（FAO，2016a）。

粮食体系中的改变很复杂，也没有现成的路线图。创新者需要自己应对过程中出现的各种挑战和机遇。作为变革的推动者，他们需要评估自己在各自体系中的位置以及未来要达成的目标，从而以自己的方式创造价值。如果你在问自己下列问题，那么本书应该能够帮助你找到一些答案：

①是否有消费者问你的可持续模式，而你又不知道如何向他们解释？

②你是否想了解获得必要投入品的方式，来满足市场要求？

③你是否有消费者基础和专门的生产者群体，却无法保持供应稳定？

④你是否听说过参与式保障体系，而且想了解更多？

⑤你是否想了解如何在不同市场给你的产品定价？

⑥你是否想进一步了解透明中介以及他们可能在哪些方面能够支持你的倡议？

⑦你是否想了解如何组织消费者参观农场？

⑧你是否想和其他的倡议合作，却又不知道如何开展？

⑨你是否想进一步了解可持续生产，从而更好地计算价格？

⑩你是否已经穷尽为倡议融资的常用做法，在找寻新的想法？

本书以提示、对照清单、矩阵表的形式提供建议，帮助地方粮食体系创新者更多地从战略层面思考周围潜在的机遇。粮食体系创新者对每种方法进行评估后，编成了书中的案例。这些案例旨在鼓励读者试验（避免、改良）解决问题的方式。本书语言通俗易懂，在帮助发展中国家明确成本低、易操作的解决方案的同时，也为寻找创新机遇提供了线索。

### （2）编写过程

可持续粮食体系中的创新者分享了各自的经历，汇集起来创作了本书。

2013年，在联合国粮食及农业组织（联合国粮农组织）和法国国家农业食品与环境研究院（INRAE）的号召下，创作团队开始收集将地方市场中的小型可持续生产者和消费者联系在一起的创新项目和倡议活动。2015年，在哥伦比亚的波哥大举办了首期研究人员与实践人士协作的工作坊，来自20个国家的近50名参与者详细阐述了各地粮食体系在可持续发展过程中面临的一系列挑战。2016年，第二期工作坊在泰国清迈举办，来自15个国家的15名参与者集思广益，详细探讨了本书的章节体系以及前期需要指导的内容。2017年，三个工作组召开两轮活动，编写并审校各章节文本。2017年11月，在印度新德里召开第三期工作坊，来自21个国家的25名参与者敲定了文本，并制定了本书中提及的学习旅程。2018年，本书交由印度的 Jaivik Haat 项目以及联合国粮农组织和全球环境基金共同在塞内加尔开展的气候韧性项目两家合作伙伴进行测试。

下列可持续粮食体系倡议活动参与了本书的编写过程：Claudia Helena Prieto 公共卫生主题公园（哥伦比亚）、CICODEV 非营利组织（塞内加尔）、地球网络基金会（泰国）、Ecovida 生态农业网络（巴西）、地球家族（哥伦比亚）、FreshVeggies 有限公司（乌干达）、国家农林牧发展基金（塞内加尔）、"生态乡村"基金会（厄瓜多尔）、国际有机农业运动联盟（秘鲁和新西兰）、贾维克·哈特/格拉姆·迪沙信托基金（印度）、Keystone 基金会（印度）、肯尼亚参与式生态土地使用管理协会（肯尼亚）、奎松参与式保障体系（菲律宾）、公共机构 RERA SD（克罗地亚）、"分享收获"项目（中国）、坦桑尼亚茶叶研究所（坦桑尼亚）、Terrahabilis-Demeter（秘鲁）、国际社区支持农业联盟（法国和世界各地）。

最终的指导意见面向那些在城市或农村工作、希望保障粮食生产和消费可持续性的群体。

### （3）阅读指南

本书按照"选择你自己的冒险"的故事方式编排，并没有所谓"正确"的阅读方式。

- ▶ 根据具体需求，可以从任意一章开始阅读。比如，如果你对如何支持农民与研究人员之间的合作感兴趣，就可以阅读关于知识共创共享的章节（第4章）。
- ▶ 本书既可以用作培训课程的教材，也可以用于利益相关方召开战略规划会议、讨论可持续粮食体系倡议活动的参考材料。在这种情况下，本书可以作为制定讨论流程和行动计划的指南。

不论你以何种方式展开阅读，我们都希望本书可以为你开启一场学习之旅，一场创新之旅，从萌芽想法开始，不断提升你所在粮食体系的可持续性。

下一章为制定个人学习之旅提供了指导，帮助你实现你所期待的改变。每一章都可以单独阅读。

各章节内容之间存在许多潜在的联系，因此我们把它们想象成一个互相联系在一起的闭环（图1）。

每一章的最后都会告诉读者接下来可以读哪一章，从而保证本书可以提供多种多样的探索和学习机会。

图1　因首选章节不同而可能进入的学习旅程

# 农业价值（再）评估　打造可持续粮食体系

"你一年只需要找一次医生或者律师（如果你真的倒霉的话），而你每天吃饭需要找两三次农民。"

来自印度喜马偕尔邦的一位农民兼粮食活动人士

## 1. 这为什么重要?

▶ 农业是导致气候变化的原因之一，也往往是首当其冲受灾的行业。种植业、养殖业、渔业、林业活动的转型都能够有效地减少温室气体排放。

▶ 2016年，全球营养不良率出现70年来首次上升。这是同一个国家内部营养不足和肥胖这两大愈发严重的威胁共同作用的结果。联合国粮农组织警告称，如果不采取新的做法，2030年前在全球范围内消除饥饿和营养不良难以实现（FAO等，2017）。

▶ 农业经常被"遗忘"或者被认为是"干苦力"。这种观点忽视了农业景观的美和农民为国家经济、为所有生物的健康和多彩所创造的价值。

▶ 世界各地的经验表明，生态农业的做法能够改变生产者、消费者、中介和政策制定者看待可持续性以及农业的方式，尽管这需要付出时间和精力。

▶ 全球范围内，消费者愈发认识到，食品生产手段和食品质量之间的紧密联系（尤其是食品安全、营养和环境影响）。因此，他们对于农业生产过程和食物来源的质量和信息的要求越来越高。

▶ 在你对所在粮食体系进行改变之前，要先构想你的目标。你想要你的粮食体系（重新）产生什么价值，以及你计划如何实现。

出于以上原因，以及更多其他原因，重新评估社会中的农业价值（尤其是借助粮食体系转型），对于保证人类活动的可持续性至关重要。

# 2. "价值"在本书中的含义是什么？

价值是对某一产品或服务进行评估和磋商后的结果，是质量与价格之间的一种权衡（Vatin，2013）。它也指某一产品为其生产方、使用方和贸易方创造价值的过程（FAO，2018b）。最后，生产和使用粮食的价值也和所涉及社区的社会和文化价值有关（比如环境保护、卫生与健康、公平性、团结互助、地方经济、传统、人的尊严）（Ostrom 等，2017）。

粮食体系为人们创造价值的方式，与粮食体系的组织方式以及人们对价值的排序息息相关。各种经济学文献聚焦组织企业、劳动力、财产、业务、资金，社会性价值和特定种类的生产性经济活动的重新排序等内容，以期开创新的经济世界。图2以图形的方式，简要展现了当前粮食体系中农业所包含价值的优先排序：为经济发展创造的价值（如支持市场经济）、为人类健康和营养创造的价值（如满足营养经济）、为地球生态进程创造的价值（如参与自然经济）。我们人类不断扩大对于农业本身和农业中不断减少的自然资源的需求，从而满足扩大营养和市场经济的需求。

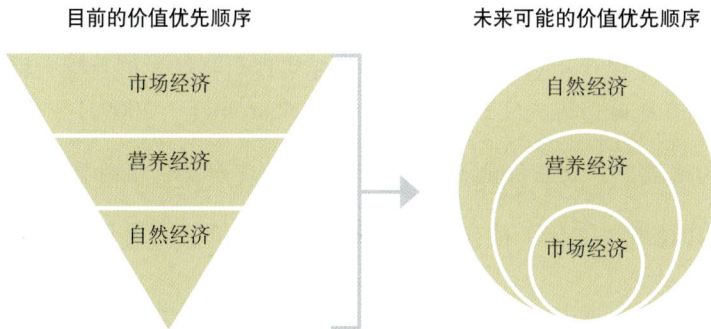

**目前的价值优先顺序**

市场经济

营养经济

自然经济

**未来可能的价值优先顺序**

自然经济

营养经济

市场经济

图2　农业价值（再）评估

资料来源：改编自2016年清迈作者头脑风暴以及哥伦比亚地球家族O.Nieto的观点。

市场经济中，农业的经济（货币）价值十分重要，因为农业为人类提供了过上健康高效生活的手段。然而，要让子孙后代享受同样的生活，经济价值就不应是农业的唯一价值。如果社会价值、营养价值和生态价值（如营养经济和自然经济）一直被忽视，就会出现已预见的有害环境、健康和社会的后果，同时不可持续的生产和消费模式也将一直存在。因此，如果继续保持这样的方式，图2假设的三角模式必将崩塌。

系统性变革需要重新评估农业对以上三种经济的贡献方式，从而为自然经济搭建强大健康的根基，而不是一味攫取资源的脆弱根基。加强可再生农业形式，使其生产行为既能恢复生态系统，又能保证农民身体健康，这将丰富我们滋养自己的方式，并确保这对所有行为体来说是经济上可行且能包容所有行为体的。因此，要重新将聚焦财富创造的市场经济并入营养经济之中，从而实现全民健康，消除粮食和营养不安全状况。要实现可持续发展目标，就必须在自然经济的现有地球边界内实现这些价值（Rockstrom等，2009）。

> 本书的语境下，农业价值（再）评估准确的理解是价值的重新排序。

考虑到其经济、文化、社会和环境贡献，农业价值的再评估可以通过多种方式进行。

- ▶ 种植系统的不断丰富（如稻鱼共生系统、稻鸭共生系统、生态林业系统）能够催生出具有高生态价值、经济价值和文化价值的多种产品和服务。
- ▶ 不同的生态农业系统提供了无数的案例，这些案例表明采用生态农业的再生性做法，能够通过水资源保护和土壤健康的提升、生物多样性的提高、野生动物的回归，创造生态、健康和社会价值，为农民和其家人提供健康的生态环境、生活环境和更安全的工作环境。
- ▶ 生态农业生产和消费韧性的提高，能够在干旱、洪水等天气活动带来环境压力的时候，仍为生产者和消费者创造经济、社会和生态价值。
- ▶ 理解"价值再估价"的另一种方式是通过增值——利用加工技术来延长保质期，创造新产品和副产品，并提高传统产品的可及性，从而重新获得生态、营养、文化和经济价值。增值的例子包括发酵（将原材料转化为新的增值产品，如腌菜、泡菜、奶酪、葡萄酒、自然腌制的肉类、酸面包、酱油、豆豉、味噌），而其他形式的增值可以在农场或地方经济中利用自然生物技术进行，如利用残留物种蘑菇、利用动植物材料和当地土壤制作微生物菌剂、制备植物性杀虫剂、利用真菌或细菌制作当地生物农药、蚯蚓粪、生物炭。

▶ 药用和营养价值可以通过种植和消费"本地品种"以及被忽视和未充分利用的品种来创造。这些品种具体的药用、化学和营养特性可以凭借经验判断，或通过实验室测试和其他方法得到验证。

▶ 通过实现农场服务多样化，制度性创新也能创造价值。例如：

● **教育**：追求可持续发展的农民能成为出色的老师，为远近社区的其他人提供新的生活方式和种养模式的实例。

● **团结**：通过社区支持农业以及其他形式的生产端和消费端直接互联，能够在消费者和农民之间创造信任和友谊。

● **社区**：在许多发展中国家，有机农业中的生产者掌握认证过程。以社区为单位的知识传播和人与人之间的信任，通过参与式保障体系得到建立和巩固。

可持续粮食体系中的农业价值（再）评估，意味着在做如何、何地、何时生产、销售、消费粮食的决定时，对经济、社会、文化、营养和生态价值进行重新排序。

这就要求对连接生产者和消费者的部分粮食体系治理机制和基础设施做出调整。也就意味着，现有的每一个有能力生产、加工、销售和消费的粮食体系主体都要找寻提升自身活动可持续性的路径。

放眼全球，许许多多的人们都致力于对农业和可持续性进行价值再评估，但他们需要实用的想法、工具和技能，从而提升粮食体系的功能性。新的主体也要学习如何以可持续的方式生产、销售和消费粮食，因此也需要获取新的知识、技术和反馈。

　　"地方可持续粮食体系倡议"，指的是众多生产、加工、交流、研究和教育相关活动的集合，这些活动把人和组织团结在一起，通力合作提升当地农业粮食体系和消费的可持续性。

　　在大多数情况下，它也指主体组成的群体，他们是当地粮食体系可持续模式的核心推动力量。（比如：地球家族，FreshVeggies 参与式保障体系，Bhoomika 运动）

　　资料来源：FAO，2016、2018。

要重新平衡可持续性粮食供给和需求，保证新老主体都承担起粮食体系转型的责任，需要为这些主体创造更多集思广益、通力合作的机会。在对价值进行重新排序之后，这些主体才有机会畅想未来的可持续性粮食体系，在各地化愿景为现实，这也正是本书的初心。

下一节，我们将提供一个头脑风暴的工具，可以用在某个倡议之中，更好畅想未来发展，明确价值，从而规划未来行动。

# 3. 利用本书开启学习和行动之旅

本书可以用作培训和集体头脑风暴的辅助材料。本节中，我们将呈现指导员笔记，指导一个小组阅读本书。我们利用本书测试过程中形成的案例，展现了其中一种可能的情况。

需要利用一个半小时的时间准备情景，再用至少两到三个小时通读本书，最后制定行动计划。如果你将本书用于培训，可能需要多花一些时间（至少两天才能讲完所有话题），但如果只是用于半天或一天的战略会议，几个小时足够浏览完整本书。

**轻松开启旅程**

| 第一步 | 第二步 | 第三步 | 第四步 | 第五步 |
|---|---|---|---|---|
| 敲定倡议 | 明确当前情况 | 畅想未来 | 敲定场景 | 制定行动计划（借助本书相关章节） |

▶ **第一步：敲定倡议**

**指导员：**

▶ 面对已经共同就某一具体粮食体系项目或倡议展开合作的小组，你可以用这个练习开展集体头脑风暴，想象挑战、场景和可能的解决方案。

▶ 如果你是在一个培训活动或者工作坊上用这个练习，而这些参与者所在的倡议各异，那就组织一场讨论，让整个群体共同敲定一个可以共同进行练习的倡议。

--------------------------------------------------

【引导性问题可能包括：你们目前有没有一个要解决的具体问题？你们最近有没有做过战略性规划练习，畅谈关于未来目标的一些想法？你可以选择某位参与者的项目进行案例分析；让这位参与者提供关于自己倡议的信息，其他参与者帮助他思考问题及其解决方案。】

--------------------------------------------------

如果你面对的人群很大，你可以把他们分成几个8～10人的小组，不同小组完成不同的倡议。

需指定一名记录员，负责写下练习过程中产生的信息。再指定一名发言人，在工作坊的最后展示场景和工作计划。

▶ ### 第二步：明确当前情况

**组长：**

领导讨论（30分钟），突出倡议或当地粮食体系存在的缺陷。

--------------------------------------------------

【小组应该提供足够多的信息，起草对于当前情况的描述，方便在开会时呈现。】

--------------------------------------------------

**当前情况**

| 倡议名称 | Bhoomika运动（截至2017年11月） |
|---|---|
| 国家/地区 | 印度/德里 |

| 维度<br>你要在哪个层面（地方、区域、国家、全球）开展行动？ | 国家层面 |
|---|---|
| 价值<br>倡议价值体现在哪里？<br>（为打造可持续粮食体系，你的倡议将实现什么样的愿景？） | ▶ "清洁、绿色、公平"的食物<br>▶ 甘地主义价值<br>▶ 可持续联结、直接互动、透明度、人际交往知识<br>▶ 包容性：包括小农在内的所有供应链主体互相了解<br>▶ 农民/生产者企业 |
| 时间跨度<br>活动的时间跨度有多长？ | ▶ 倡议已开展1年，正在制定3年项目计划。目的是成立一个机构，支持全国性动员活动，推动对于清洁、绿色、公平粮食的支持。<br>▶ 时间跨度：10年 |

### ▶ 第三步：畅想未来

组长：

领导讨论（15分钟），找到场景的焦点，明确哪些价值会影响你们倡议的未来。

---

花时间精准概括核心问题，这将有助于把握你们试图融入未来可持续粮食体系的价值。引导小组讨论，清晰阐述倡议希望实现的核心价值。帮助参与者向场景领导者提出问题，从而展现核心价值。将这些价值在愿景中加以凸显，充分体现倡议令人期待的未来状态。

以下是"可以发推特"的一句话愿景：

> Bhoomika将成为国内家喻户晓的机制性平台，实现可持续小型生产者和消费者的相互联结。

不超过140字

---

### ▶ 第四步：敲定场景

然后，从目前的场景出发，讨论未来5到10年可能出现的不确定因素（30分钟）。重点讨论在行动计划预计的年限，倡议可能面临的最大威胁和最大机遇。并挑选可以放到该练习中讨论的威胁和机遇。

---

鼓励大家讨论倡议本身在国家层面和全球层面会遇到的不确定因素，既可以是积极因素，也可以是消极因素。

---

**实例：**

| 威胁 | 机遇 |
|---|---|
| "政府新施行的监管框架并未提出将参与式保障体系作为有机食品认证方式" | "一起刚发生的全国性食品安全丑闻，引发了消费者对于安全和可持续食品的关注和需求" |

| 不确定因素 | 最大威胁 | 最大机遇 |
|---|---|---|
| **社会变革**<br>哪些社会变革会影响你们的倡议？ | ▶ 小农户被边缘化，得不到任何帮助<br>▶ 无法脱离绿色革命<br>▶ 城乡人口流动影响地方人口结构：农村地区找不到合适的人 | "可持续粮食"的需求巨大；国内有机产品市场规模每年以两位数增长 |
| **经济**<br>贸易、市场和经济的哪些变化会影响你们开拓市场的方式？ | ▶ 缺乏透明度<br>▶ 粮食的真实价值未得到认可<br>▶ 小农的生计不足<br>▶ 超市在城市占主导地位，鲜货市场正在消失<br>▶ 农村市场依赖政府配给制度 | ▶ 可以在私人所有土地上创造私人市场<br>▶ 互联网不断普及<br>▶ 新的融资机制可以用来快速扩大倡议规模 |
| **知识和技术**<br>哪些科学进步和新技术会影响你们倡议中粮食的种植、加工和销售的方式？ | ▶ 转基因<br>▶ 大型地方农药行业 | ▶ 现代零售业<br>▶ 社交媒体<br>▶ 农贸市场<br>▶ 合适的手持工具<br>▶ 生态农业生产方式（稻米生产的可持续集约化）<br>▶ 传统生态农业向现代生态农业转型 |
| **环境**<br>你将在什么样的生态农业环境中种植粮食？ | ▶ 生物多样性缺乏<br>▶ 水资源枯竭<br>▶ 水资源管理能力低下<br>▶ 长期存在的有机污染物 | 旱地耕种 |
| **政治**<br>哪些政治和安全问题会影响你们的倡议？ | ▶ 当前食品安全规范要求不断进行认证<br>▶ 小型有机农户资金机制（如：投入品资金）不稳定 | ▶ 2016年起，政府项目支持可持续粮食体系<br>▶ 传统种植提升系统<br>▶ 农民收入 |

© A. Loconto

## ▶ 第五步：借助本书相关章节，制定行动计划

**指导员：**

这部分活动的时间长短取决于你们工作组的组织方式。

要求参与者选择一个问题作为场景，通过制定行动方案来解决这个问题，要么削弱上述最大威胁，要么利用上述最大机遇。最好把小组进一步细分成两组，一组讨论威胁，一组讨论机遇。

通过讨论，参与者首先找到场景的切入点（重点问题或起始问题）。从主要问题着手，接着他们应该在本书中找到可以获取一些初步建议的章节。

-------------------------------------------------------------

把本书的各个章节当作成员阅读或获取行动想法的资料来源，或者将部分章节内容呈现在培训课件（PPT等）上，为制定具体行动提供一些想法或案例。形成的行动计划应该为解决本书中的各种问题提供路径（即从第4章开始，再读第8章，等等）

- ▶ 如果你就自己一个人，行动计划就成了你个人的目录。
- ▶ 如果你在参加一个战略会议（头脑风暴），这个练习能够帮助团队找到解决各种问题和创造性解决方案的顺序和优先序。
- ▶ 如果你在参加一个培训会议，该练习可以重新安排工作坊剩余会议的顺序，因此这个练习是基于参与者共同参与、互相激发的以问题为导向的解决方法，而不是遵循一个预先设定的模式或顺序。

-------------------------------------------------------------

| 最大威胁或最大机遇——自己设定旅程 | | |
|---|---|---|
| 最大威胁：社会层面——找不到合适的人。想参与倡议的人不愿意待满5～10年 | | |
| **切入点** | **参考章节** | **提出的行动**<br>（基于书中的内容） |
| 进入组织 | 集体工作规范化（第10章） | ▶ 绘制一张图表，向成员展示Bhoomika可能的组织架构<br>▶ 修改愿景，保证人人享有<br>▶ 为所有成员安排角色，划分责任（包括志愿者）<br>▶ 监督组织发展，确保首先符合法律要求<br>▶ 从Bhoomika倡议成员内部招聘敬业的人 |

（续）

| 切入点 | 参考章节 | 提出的行动<br>（基于书中的内容） |
|---|---|---|
| 发展资金不足 | 创新性资金（第9章） | ▶ 确定组织发展的资金需求（企业规划）<br>▶ 建议：尝试参与式预算规划<br>▶ 设立投资基金<br>▶ 尝试获取消费者投资（如：了解社区支持农业模式）<br>▶ 帮助农民联系可以利用的集团基金 |
| 动员消费者 | 吸引并留住消费者（第1章） | 试试把第22页上的建议用在消费者身上 |
| 结对以便农民进行能力建设和进入市场 | 引入合作伙伴和支持者（第11章） | 把合适的人联系到一起，建立伙伴关系（尝试和Edible Route合作） |
| 通过营销筹集资金 | 了解你的市场（第2章） | ▶ 与零售店合并<br>▶ 无论如何，保持市场销量 |
| 农民能力建设 | 知识共享共创，促进可持续生产（第4章） | ▶ 鼓励网络内农民之间知识共享<br>▶ 建立学徒制 |
|  |  | 另外，把一些问题交给时间和运气 |

　　举办小组展示的总结活动，鼓励小组成员展开讨论，互相比较方案，共同决定能够解决应对不同场景的行动。

1 吸引并留住消费者

2 了解你的市场

3 确定"合理"价格

4 知识共享共创 促进可持续生产

5 管理和获取 可持续性投入品

6 物流助力互联互通

7 包装可持续性

8 可持续性的保证

9 创新性资金

10 集体工作规范化

11 引入合作伙伴和支持者

**现在你已经准备好开启学习之旅了。**

将你或者大多数小组成员感兴趣的内容作为切入点，开始阅读，用好目录。

每一章都会告诉你：

▶ 为什么这个话题很重要。

▶ 主要的观点是什么。

▶ 应对具体情况的提示。

▶ 作者们结合自身经历给出的实例。

▶ 熟记各章主要观点有哪些小窍门。

▶ 接下来应该读哪一章。

**每次旅程都会不同，因此你绝不会迷路！**

消费者

市场

价格

# 第一篇
# 留住消费者

这几章解决可持续性消费的问题。

消费者在守护可持续粮食体系方面扮演着越来越重要的作用。这不仅是因为他们变得更加组织有序，对可持续粮食体系兴趣增强，或是因为发展中国家农民通常是自己产品的第一个消费者，更因为粮食消费是一个日常且普遍的行为。

因此，如果你在寻求如何找到消费者、如何开拓市场、如何协商合理价格的建议，那么你应该从本章开始你的学习之旅。

# 第 1 章

## 吸引并留住消费者

## 1. 这为什么重要?

在可持续粮食体系中,生产者和消费者都认为要重视以可持续方式生产的食物。有的时候,消费者可能会鼓励生产者在生产过程中更多地追求可持续性;有的时候,生产者也会说服消费者作出更可持续的选择。因此,要求供应的食物是以可持续方式生产的公共组织也可能成为消费者。生产者和消费者面临不同的挑战:

> 当所有主体(包括生产者、中介和消费者)都努力推动可持续性消费时,整个体系都会变得更可持续。

- ▶ 生产者必须找到并不断开发可行的销路;找到消费群体并留住他们是一项关键性挑战。
- ▶ 消费者会寻找自己重视并且容易获取的食物,他们面临的主要挑战是要和生产者或中介就品质、数量、价格这三者的预期达成共识。

无论以上哪种情况,都需要作出改进来重塑生产者和消费者之间的关系,提升消费者意识,(重新)了解食品生产(包括季节性问题、口味的区别),通过烹饪和分享菜谱(重新)了解食品消费。

把这些问题讲给儿童和青少年是很有意思的,而且也能够确保让未来可持续粮食体系的活动主体增进了解。

## 2. 谁是可持续产品的消费群体?

每个人都会成为可持续产品的消费者,因此他们并没有固定的、容易辨认的身份特征。然而,对于可持续食品的兴趣通常主要是由四方面顾虑所引起的,这四方面顾虑和个人财力状况并无关系(FAO,2018b):

▶ 关心健康。

▶ 关心环境。

▶ 关心小型家庭农户和地方粮食体系保护问题。

▶ 对于重新了解食物种植方式和种类的兴趣。

如果可持续产品易获取、可负担、口味好、品质佳，或属于消费者长期购买的品牌，那么他们会选择购买。

虽然潜在的消费群体很大，但要真正地培养消费者基础需要很多时间和精力。瞄准那些已经很在意健康和环境的特定群体，将是一个非常节约时间的策略，比如对生态环境很感兴趣的大学生、素食主义者、经常自己在家做饭的群体、全职妈妈、瑜伽爱好者、运动员、大学教授、宗教团体、学校、医院、儿童托管机构、主打有机食品的饭店或者提倡健康饮食和营养的群体。

每个消费者承诺在多大程度上会购买可持续食品和其他产品，可能取决于他们是否有时间以及他们全年的收入水平（加上前面提到的因素）。

有的消费者和倡议拥有同样的价值观，因此愿意为倡议做出贡献（少数群体），而有的消费者，他们或结盟或分散，可能并不同意倡议的价值观，但也想购买可持续产品。这两类消费者之间存在着显著差异。为了制定可实施的倡议，你需要识别展现出这两种意愿水平的潜在消费者。

要拥有忠实的消费者和市场基础，关键之一就是要能够开发并且持续开拓市场。比如买卖季节性瓜果蔬菜的农夫市集，其部分产品并不是全年都有。另外，消费者的习惯也可能会因为距离和个人原因而发生改变。但是，市场必须定期开放，并且让消费者提前知悉开放时间，好让他们有预期。这是与新老顾客持续建立信任的关键因素之一。

### 提示1
#### 挖掘潜在消费者

▶ 首先，挖掘核心消费群体，他们不仅愿意拿出资金，还愿意付出时间、知识、技能和政治影响力。这些消费群体由个人组成，他们可能成为可持续倡议（经常是地方性倡议）的成员，帮助生产者完成员工招聘、会计、分销、网站设计、内部简讯发放等工作。可以先找找朋友以及你所在群体（宗教、文化、职业、运动）的成员。

▶ 其次，挖掘已结盟的消费者。这些群体已经组织有序，对于倡议的价值观有一定了解，但主要还是想购买产品。试着通过商品交易会、网站或者直接到他们的商店（如健康食品连锁商店）找到他们。

▶ 最后，挖掘散客，就比如希望购买你的产品但又没有时间或者不想拿出时间、不想分享价值观念的个人。可以通过发布广告、去交易会、去农夫市集或参加文化活动来挖掘并见到这些消费者。

## 2.1 你是否在寻找为自己和家人采买的消费者，或者为他人批量采购的消费者？

要制定好的营销策略，可以根据采购量把消费者进行划分（插文1）。通常有两类消费者：

▶ 个人终端消费者，他们为自己和家人采买食品。
▶ 批量采购商，他们为企业或大型消费者群体（如餐厅、酒店、采买俱乐部）采购食品。

### 2.1.1 个人消费者

利

+ 他们对可持续产品有兴趣、有需求：如果他们把可持续产品的好处介绍给自己的亲朋好友，那他们就是你"最好的销售员"。另外，父母对于食物的态度对于孩子有正向的影响，这些孩子未来也会成为潜在客户。

+ 你可以在很大程度上了解你的消费者，尤其是通过询问他们有没有其他需求。这也能很好地帮助你了解他们的喜好，帮助你更好地找到正确的群体。

+ 商业活动中的交流能够帮助你更好地拉近与顾客的关系，形成黏性。

### 2.1.2 批量采购商

利

+ 公共机构，如学校、医院等能够采购以可持续方式生产的食物。这些批量采购商可以接触到各式各样的群体。可持续消费能够支持学生群体和有健康问题的群体形成更为健康的饮食模式。这两类群体都是你扩大倡议规模的重要盟友。他们也会公开自己的可持续公共采购政策。

+ 诸如企业、酒店、餐馆、零售商和消费者俱乐部之类的批量采购商，期望从可持续食品中获得"附加值"，比如展现组织的社会和环境责任。这会让你有机会触及那些不在附近场所采购（如直接从你的农场或农夫市集进行采购）的消费者。

**弊**

- 关于采买时间和方式，他们可能变幻无常、差异很大。他们总是希望产品种类齐全，但事实上采买的数量又少之又少，这意味着你不得不保留大量的产品。这将带来保质期和食物浪费方面的问题。

**弊**

- 涉及公开采购，要满足市场准入的法律要求难度很大。
- 这些消费者希望下大单，因此很重要的一点是保证产品理想的种类和数量。

**插文 1　社区支持农业中对低收入消费者的社会包容**

"社区支持农业以粮食主权和互助经济为基础，为需要帮助的人提供不同形式的支持。这种机制能够很好地吸引那些想要成为倡议的积极成员的消费者。"

社区支持农业中体现支持和社会包容的关键方式是通过改变付款金额的比例。比如，老年人和学生支付的金额就比上班族要少，不同地区之间也有差距。但它们都有一个共同的特征：拥有自行决定的自由和信任。

"没有人会质疑别人说自己手头紧。所有人都会想办法支持他们，寻求解决方案。"

许多社区支持农业限制"受补助"的比例，以此作为商业模式的一部分，而其他比例可以进行讨论。要同时保证社会包容性和模型的经济可行性，许多德国的社区支持农业在做法上还体现了创新性。在一年一度的生产者和消费者大会上，生产者申明要从社区支持农业群体中获得多少总收入，才能覆盖所有成本（包括健康津贴和退休金的发放、新设备的投资、水费等）。每位小组成员都会在信封中写下每个月他们需要支付份额的资金总量，然后把这些资金总量相加。如果无法满足各个生产者提出的具体数额，则进行第二轮，让有能力的小组成员提高他们可以支付的金额。很多这样的群体对于这种制度的经验有限，因此一般没有第二轮。

"这是真正的'因能力而异、因需求而异'的案例。"

资料来源：Judith Hitchman，国际社区支持农业联盟

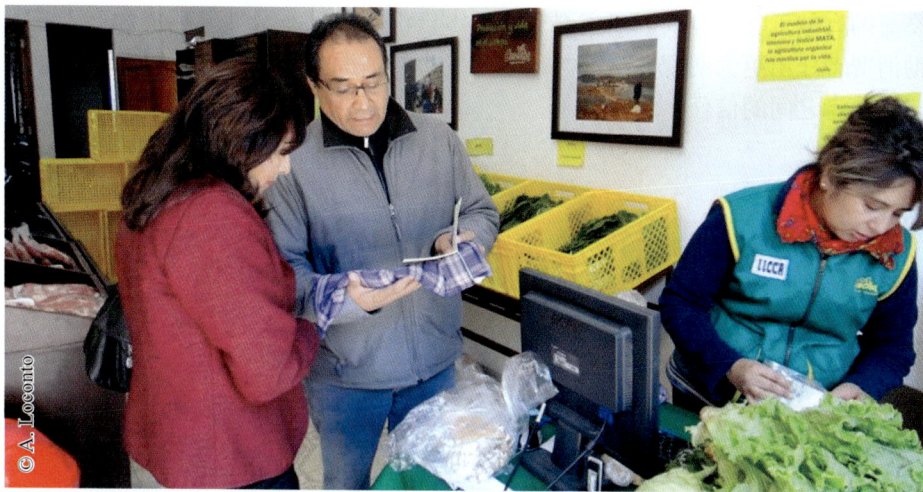

©A. Loconto

# 3. 如何与你的消费者打交道？

生产商、中间商和消费者之间交流并没有什么"妙招"，最好的办法就是找到你和现有顾客、潜在顾客之间能够引发共鸣的一些共同点。关键就是要根据不同的受众调整自己的策略：倡议内部成员之间内部交流的节奏和语言并不需要和对外交流的节奏和语言相一致。

## 3.1　内部交流

### 3.1.1　简单、使用者友好、有韧性

不管你追求高科技还是低科技，总是有很多选择。一些效率很高的团体用的工具也不过是一个电子清单。

> 环顾四周，人们在使用什么？

比如，定期举办面对面会议的团体，像社区支持农业或常规盒子计划，他们每周都会送货，不怎么需要交流。他们送货是"统一的"，也就是说他们为每一个人提供同样的产品。因此，没有必要发送和回收订单，每次送货都是信息共享的关键时刻。电子表格充当辅助工具，用来召集会议和全体会议，会上分享最新菜谱、志愿服务时间，同时为农场举办"志愿日"提供指导。

透明度是建立以信任为基础的、诚实的倡议的有效工具，也是与消费者

交流的有效工具。像农产品资料来源、零售价、产品季节性等关键信息，能帮助消费者作出更为明智的选择。反过来，市场情况模糊不清，往往会不断削弱与消费者之间的信任。

**对照清单**

**探索内部交流的最好选择**

①当地是否有良好的网络？

②你的成员是否有移动电话或智能手机？

③你是否有足够的场地举办面对面会议？

④你的目标群体有哪些习俗习惯？

⑤你的成员是否会定期见面或因其他原因见面（如在学校或礼拜场所接小孩）？

### 3.1.2　社交媒体：高效动员、承诺有限

有的倡议倾向于使用社交媒体而不是电子表单。新兴市场倡议是通过脸书、WhatsApp、微信群建立的（插文2）。当地农民通常每两周在群里分享下一批货物计划。顾客只要回复推文即可下单。

**插文 2　以社交媒体为工具的内部交流**（芬兰）

过去30年来，芬兰的生产商和消费者直接交易的数量大幅下降。然而，对于地方有机产品的需求却在加大。Reko积极响应了这一需求的增长。瑞典语中，"reko"是公平消费的缩写。2013年，第一个Reko圈在芬兰西部瑞典语地区的雅各布斯塔德和瓦萨成立。脸书是其主要的交流平台，因此管理非常容易。一个Reko圈就是一个封闭的脸书群，想参与的生产者和消费者必须通过申请才能进群。管理员往往由几个消费者组成，他们根据Reko原则，接受农民的申请，之后才能开始交易。

根据群的大小，每周或每两周送一次货。每次送货前，农民们都会在脸书上发一个通知，接着消费者以回复通知的形式下单。一旦Reko圈形成，后续的管理就很轻松。管理员只需要接受新成员的申请，同时设定送货日期。参与的过程不收取费用，因为这是基于系统的百分百直接销售，不产生物流费用。短短几年间，这个倡议在这个只有550万人口的国家已经拥有40多万名客户，充分体现了社交媒体潜在的强大影响力。

资料来源：改编自 https://urgenci.net/ reko-a-winning-concept-in-finland

社交媒体使用灵活、易下载、易使用、成本低（经常是免费的）。同时，消费者和生产者能够控制获取信息的时间。在社交媒体上花大量时间之前，先保证你的消费者能够上网、有手机。如果他们不用社交媒体，你也不可能用这种方式联系上他们。

## 3.2 外部交流：吸引新的消费者

### 3.2.1 注意言辞！

你使用的语言要根据你面对的顾客进行调整。同样的概念对不同的人可能很吸引人，也可能很冒犯。比如，像"可持续"这样的词对受过高等教育的消费者往往更有吸引力，而其他的消费者可能对"有机""天然""本地"这样的词更有好感。面对来自边缘化群体的消费者，甚至是中产阶级消费者，如果你都用一模一样的术语来陈述你的倡议，他们可能会觉得事不关己。很多证据都指向一点：如果你想和社会各个阶层的消费者打交道，就必须好好选择关键的词语。形式虽然不同，但内容是一样的：

> 所有消费者都在寻求食物背后的故事。

### 3.2.2 注意个人形象

不到十年间，社交媒体已经成为全球范围内受人喜爱的虚拟交流方式，重新构建了网络交流的规则。若要用一张图片或一个视频来展示或表达一个信息，社交媒体就成了"必选项"（插文3）。

**插文3** Lavka Lavka 网站中视觉信息的重要性（俄罗斯）

Lavka Lavka 是俄罗斯莫斯科的一个农民合作社。合作社有一个网上商店、农夫市集和餐馆，从当地农民那里拿到新鲜的高质量食品，卖给顾客。因为有一个网上商店，合作社还开发了一个网站（http://lavkalavka.com/page/chto-takoefermerskiy-kooperativ-lavkalavk）和一个脸书主页（http://lavkalavka.com/page/chto-takoefermerskiy-kooperativ-lavkalavk），提供关于有无新鲜味美食品的信息，同时分享农民故事。该网站成了一个连接城乡、沟通产销的信息门户。

合作社深知食物不只是满足口舌之欲，它牵涉到嗅觉、触觉、视觉多感官体验。考虑到距离可能是一大障碍，视觉信息被用来作为传递合作社价值观，吸引并维持消费者注意力，最终建立起消费者和生产者第一次连接的战略性工具。在其网站上，Lavka Lavka 放了很多不同供货农民的照片，边上还配有简单的介绍。只要点击照片，消费者就可以看到某个农民目前在卖什么。类似地，网站上还放了特色菜和食物产品的照片。下面的例子同时呈现了菜肴本身和所需食材，几张照片组合在一起，吸引了消费者注意力，增加了他们尝试的欲望。

©Lavka Lavka

资料来源：改编自 http://restoran.lavkalavka.com/en/
http://lavkalavka.com/page/chto-takoefermerskiy-kooperativ-lavkalavka

### 3.2.3 形成联盟

考虑到消费者大多数都是本地居民，如能用好地方媒体将大有益处。当地记者的帮助在项目早期阶段至关重要。几篇文章/报道（配上图片）就能够成为传播你倡议的新闻。成百上千人会知道倡议启动了，知道你在邀请大家上门订购。

当地的人际关系网络也很重要。很可能在你采取行动的地方，已经有一些联合的、商业的、技术的、教育的、宗教的人际关系网络。通过这些网络一定可以接触到有类似想法的人，他们也一直在寻找你创造的这种倡议。

**提示2**
**不要过度消费他人的慷慨**

对共同的兴趣和价值观，以及你打算如何使用共享的任何信息，要诚实和透明。确保自己了解该国的隐私和数据保护的法律要求。

## 4. 怎样留住顾客？

世界各地的消费者都倾向于探索新口味，并且不断寻求机会，以获得好交易、更实惠的价格、更高的质量和可靠的供应商。因此不花精力去理解并满足他们的需求，就想留住现有顾客是很困难的。但利用好交流和互惠原则的话，销售的过程就会成为生产者吸引顾客，并把他们从探索者转变为忠诚可靠倡议成员的最好机会。

如果客户对你的销售方式不满意，他们很可能再也不会和你做买卖。因此创造持续愉悦的购买体验是建立信任和忠诚的必要手段。互惠，即客户因自己的忠诚度而在某种程度上得到回馈，是留住回头客的又一重要因素。培养忠诚的消费者必需的策略并不需要付出很高成本（比如免费送太多东西），只需要精明一点就好了！

**提示3**
留住消费者

①通过在农场上或公共空间里组织团体工作日、社交活动、青年活动等，与消费者建立紧密的关系。这些活动能够带给消费者一种归属感，这些场所就像他们的"第二个家"，让他们觉得很自在。

②试图引导消费者去生产自己的产品，从而让他们更好了解生产成本。这是培养消费者理解既定价格或建议价格的重要一步。

③分享产品的故事，这有助于消费者对带回家产品的质量更了解甚至更满意。

④向客户提供一个时间表，以什么时候可以买到什么水果蔬菜的形式，告诉消费者重要农产品的生产全过程和时节。

⑤分享菜谱，提供关于装罐、仓储、烹饪等含附加值的做法的课程。

⑥可以选择更新订阅信息的时间，掌握你的客户的会员状态。既可以在收获不忙的时候进行，也可以在收获最忙的时候和客户联系多的时候进行。

⑦即使在淡季也要和你的客户保持持续沟通。

⑧借助喜好调查或投票等形式，收集顾客反馈。当你让他们喜欢的产品更容易买到时，他们很可能会再次光顾。

⑨战略性地推出新产品（基于消费者反馈），这将有助于保持消费者的兴趣，保证他们保留成员身份。

⑩最后，开展年终调研，以此规划下一年的作物生产策略。这样的调研会让生产者更好了解到有关消费者偏好、各种产品的比较价格以及可能种植的新作物

的想法等问题。

## 4.1　创造愉悦的购物体验

创造愉悦的购物体验是与客户建立长久的关系并留住他们的关键环节。

**提示4**
创造愉悦的购物体验

①服务好每个客户。　　　　⑩绝对别犯这些严重的错误：

②展示价格。　　　　　　　以次充好；

③展示质量。　　　　　　　定价高于市场价；

④突出品类丰富。　　　　　摊位肮脏混乱；

⑤创造和创新。　　　　　　对待顾客态度差；

⑥提高摊位吸引力。　　　　不知会客户和组织方就不再去市场；

⑦推销你的产品。　　　　　边吃东西边接待客户；

⑧运用安全的食品生产加工手段。　缺斤少两。

⑨自我培训。

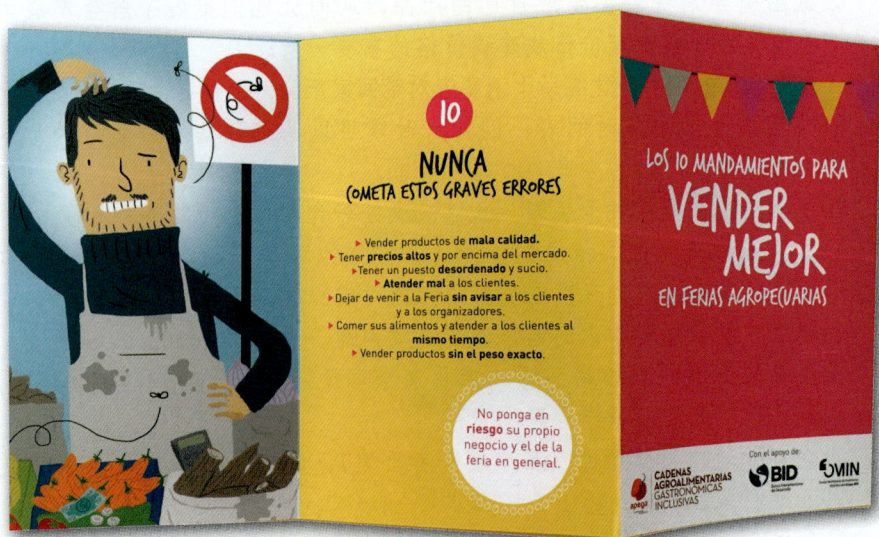

资料来源：秘鲁农贸市场更好销售的10条诫命，"包容性美食农业食品链"APEGA

### 4.1.1　忠诚活动

忠诚活动包括一系列以加强消费者和卖方互动的活动。这些活动应该借助互惠原则或者小礼物激励消费者不断回购。可以包括正式的只限会员参与的活动，或者只是在消费者购物达到一定数量之后送一个免费的小礼物。

**提示5**

**小惊喜是建立忠诚的重要手段**

除了定期供货，生产者也可以送产品给消费者，这有利于以低成本的方式增强忠诚。

## 4.2　跟进客户，了解如何更好满足他们

信息分享的频率和正确的用词同样重要。跟进消费者的方式有很多：发邮件、打电话、送货时交谈、发传单以及定期会面。季末和季初的民意调查或焦点小组（一种从潜在消费者样本中收集信息的方式）是评估顾客对过去产品的总体满意度和他们对下一季的要求的有效方法。核心的顾客会珍惜任何一个可以影响倡议的机会，这能够增强他们的主人翁意识。在设置民意调查时，提供精心设计的民意调查工具的免费软件非常多。

大多数情况下，消费者会选择隐藏自己的不满，倾向于直接离开，再也不回来。要尽最大努力避免这种情况！然而，若真出现这种情况，应努力记录客户离开的情况，了解背后的原因，尽管要收集已经离开的消费者的反馈挑战性很大。问自己这样的问题：谁离开了？什么时候？为什么？如果你都能回答上来，你也就能避免犯同样的错误了。

## 4.3　提供支持服务以激励回头客

顾客支持服务，如烹饪展示（插文4）、农场参观（插文5），是维持顾客忠诚的重要手段。一次特别的服务体验会鼓励客户再次购买。服务的质量通常比送货速度更重要。从根本上讲，多花一些时间在客户身上会带来更多积极的结果，因为这会让他们有一种受重视、受关注的感觉。通过客户首选的渠道提供客户支持服务是很重要的。尽管面对面交流依旧是最普遍的形式，但电子邮件、社交媒体都是可行的。

**提示6**

个性化的服务创造愉悦的客户体验，带来回头客

---

**插文4 通过厨艺展示加强与消费者的联系**（菲律宾）

菲律宾的奎松参与式保障体系倡议举办了两场烹饪展示活动，以展示他们的可持续产品。奎松的烹饪示范活动通常在每周五的农贸市场举办，每年的八月丰收节都会吸引300～500名游客。在展示活动中，农民们会用自己在市场上卖的产品来准备菜肴。一些预制食品包括沙拉、年糕和鸡肉。通过瞄准市场的老顾客，奎松促进了一种强有力的生产者-消费者关系。厨艺展示的时间会在定期的集市日宣布，并通过与市政府合作进行海报宣传。

资料来源：Carmen Cabling，奎松参与式保障体系

---

**插文5 通过消费者实地参观加强与生产者的联系**（哥伦比亚）

地球家族（Fdt）是哥伦比亚生态农业生产者的网络，利用"实地考察"连接消费者和生产者。面向现有的客户群，Fdt让消费者有更多的机会了解农产品。消费者10～15人一组，主要是学生和厨师，受邀去农场考察作物多样性。这些参观活动由当地生产者主办，通常持续约两个小时，覆盖从农场主要的加工过程到作物的食用用途多个话题。这样的参观活动对生产者和消费者都很有利，便于他们形成更牢固、更有意义的关系。

资料来源：Oscar Nieto，地球家族

## 4.4 责任共担和轮换

要留住大多数消费者，抓住时机给他们分配不同的任务很有帮助（插文6）。如果只是依赖几个老主顾提供志愿服务，长期来看是不可持续的。责任应该定期重新分配。比如简单却耗时的任务，像安排配送时间或确认每个人在配送单上签字，应该在志愿者当中进行轮换。会议会谈的组织也应该由核心小组成员共同承担。

你应该不惜一切代价避免"成员疲劳"！

**插文6 社区支持农业模型中的消费者参与和时间限制**（英国）

从消费者的角度出发，在社区支持农业中的收获，因项目而异、因国家而异，"一刀切"的做法在社区支持农业中行不通。但不变的是有福同享有难同当。如果作物丰收，消费者就会收到大量的蔬菜（或者其他申请的产品）。相反，如果不良天气导致作物受灾，消费者还是必须向生产者支付费用。遇到暴风雨或是洪灾，消费者经常还主动帮生产者进行清理。

在第一年，很多社区支持农业模式都会面临30%的消费者流动率，尤其是在第一年。成本几乎不会成为消费者退出的原因，因为社区支持农业的股份价格和超市有机果蔬（或者普通果蔬）的价格相比很有竞争力。相反，参与项目所需的时间似乎是导致消费者退出的主要原因。这些消费者往往没有预料到准备和烹饪不同的蔬菜所需的时间。

为了鼓励消费者参与社区支持农业倡议，尤其是多花时间，一些社区支持农业小组的成员可以拿出一部分每月的农场工时换成一部分或全部股份。这样一来，买食物花的钱少了，但价值不变（表1展示了英国一个社区支持农业小组采用了这种做法）。

采用这样的机制（还有很多其他机制）不仅激励人们将时间投入到社区支持农业模型中，而且大大加强了那些购买力低但时间充裕的人们之间的社会联结，并促使他们成为会员。

**表1 社区支持农业费用结构实例**

| 会员类型 | 最短工作时长 | 年费 |
| --- | --- | --- |
| 1级 | 14小时/月 | 0英镑 |
| 2级 | 7小时/月 | 75英镑 |
| 3级 | 4小时/月 | 150英镑 |
| 4级 | 7小时/年 | 250英镑（目前接近新会员） |

资料来源：Judith Hitchman，国际社区支持农业联盟

# 5. 教育未来消费者

一个粮食体系，如果不顾子孙后代，是不可持续的。教育儿童食用并喜欢多样健康的食物，是保证他们生活健康，同时保证倡议发展壮大的关键（插文7至插文10）。

### 插文7 校园农场（法国）

校园农场或许是让孩子和家长了解并选择可持续食物的最好方式。和全球的成千上万所学校一样，在诺曼底卡昂的让·盖恩诺小学，校园农场被当作多功能的教育工具。即使城里的空间有限，也能种植一些可以食用的东西。此外，种植食物也是一项有趣的教学活动，能够培养孩子们及早了解自然、植物、太阳、水、风和种子。

孩子们了解这些的方式有很多。他们可以烹饪从农场里采摘回来的食物，唱关于蔬菜和种菜的歌曲，他们也可以了解植物和蔬菜在世界不同地方的区别，可以计算生产和消费的经济账，也可以被传授关于可持续性的基本知识。

一个校园农场不仅仅是某个班级的项目，而是整个学校的项目：面对同一个农场，不同的老师教学的方法也不一样。校园农场还是社区项目：父母和地方食物活动人士也可以加入活动中来。在让·盖恩诺小学，家长会参观附近用于教学的农场，种植户也会帮助开辟校园农场。这些家长志愿者在现场接受训练成为当天工作坊的推动者。他们有的负责组织植物"家族"分类游戏，有的组织蔬菜盲测。提前做好材料准备是开展农场参观活动的关键，同时也便于孩子们能在之后的农场教学课堂上用到。如能定期举办校园农场活动是巩固记忆的有效方式。

资料来源：Jocelyn Parot，国际社区支持农业联盟了解更多该话题内容，访问：
https://eathink2015.org/en/download/School-Garden-Guide-WEB.PDF

**插文8　教育未来消费者的校园项目**（肯尼亚）

在肯尼亚，学校和学院永续农业项目（SCOPE）是一个网络式组织，有18个非政府组织成员，与全国12个县的学校和社区进行合作。该组织的主要目标是教育并支持校园内外的青年了解营养价值，了解更健康的消费方式，并参与农业生产。

为此，该项目采用了综合土地使用设计（ILUD）方法。ILUD是一个全面的循序渐进的复合方法，它需要学校的学生、教师、家长和当地领导等所有人共同努力，利用校园土地来建立一个满足可持续性要求的校园农场。

该方法有以下步骤：

①情况分析。各主体观察目前情况，形成对于当下问题和拥有的潜在资源的共识。

②形成整体目标。各主体明确校园环境要实现的目标。

③综合性设计。各主体通过建立所在环境不同要素间的联系，重新规划土地。

④行动计划。各主体制定项目落实和监督方案。

此过程为孩子们提供了一个了解和体验健康食品生产、制备和消费的机会。

重要的是要让校园农场成为课程鲜活的一部分，让学生积极参与规划、种植、收获、食用等各种活动。

资料来源：Rosinah Mbenya，国际社区支持农业联盟
了解更多，访问：www.fao.org/docrep/009/a0218e/a0218e00.htm

**插文9　"培育好水"计划**（巴西）

让孩子参与教育性、颠覆性、可持续性活动是鼓励当前和未来消费者食用可持续食物的关键。为此，Itaipu Binacinal基金会"Cultivando Agua Boa"（培养好水）计划开展了很多项目，旨在保护水资源和环境，支持生态农业以及巴西巴拉那州西部公立中学的教育活动。孩子们和食堂的厨师都被教授健康饮食——这是学校课程中的一个主题。学校还会举办竞赛，让来自不同学校的厨师创造健康菜谱，之后编成一本菜谱手册。这些活动涉及整个校园群体，还有学生家长、生态农业农民、地方和区域媒体以及其他社会组织。

资料来源：Darli Benghi，巴西Ecovida生态农业网络

**插文 10 "Sa Patass"与"Boy Pombiter"（塞内加尔）**

在SADMAD（达喀尔地区对抗营养不良的可持续粮食体系）计划下，CICODEV（一个消费者权益保护组织）在达喀尔多个社区研究了家庭和学生的饮食习惯。研究表明，食用油炸甘薯条或未加工甘薯块茎的比例高达95%。然而，校门口小贩向学生兜售工业加工小吃的比例也很高。研究团队发现，设计一个以甘薯为主题的通信工具，能够刺激学生的意识，增加他们对于当地营养食物的摄入。

在塞内加尔，纵观所有社会阶层，摔跤是所有男性、女性和儿童喜爱度最高的全国性运动。大多数的摔跤运动员被视为榜样，他们生活在达喀尔地区的城郊，靠近SADMAD计划的目标地区。通过这项计划可以向社会公众更好传达甘薯和马铃薯营养价值有何不同。随着摔跤运动员用Wolof语（普遍适用的地方语种）以卡通形式传递该内容，CICODEV可以同时触及地方和全国民众。视频设计由国家贸易局分析和控制国家实验室（LANAC）、插画家Ousmane Diallo先生、知名记者兼塞内加尔摔跤运动员代表Becaye Mbaye先生以及知名歌唱家、偶像Khar Mbaye女士合作完成。

资料来源：观看视频，访问：
https://www.youtube.com/watch?v=BlHnHz0AoPU&t=3s

**提示7**
如何吸引消费者

▶ 要避免出现失望和失败，就要了解消费者的需要和期望。持续清楚地解释你能提供什么以及如何提供。

▶ 并不是需要所有农民都擅长推广，重要的是有些农民需要能够向大家分享产品背后的故事。

▶ 良好的沟通需要特定的技能，比如使用的语言类型。记住，你不可能总是做所有事情，有良好沟通技巧的人可以帮助你！

▶ 通过沟通、教育和参与提高消费者意识，是扩大客户群的根本。

## 学习之旅，接着读哪一章？

市场

价格

知识

物流

▶ 你是否拥有消费者基础和可靠的生产者群体，却无法维持稳定的供应？读第6章：物流助力互联互通。

▶ 你是否想了解创新型定价机制，比如本章中探讨的社区支持农业这样？读第3章：确定"合理"价格，了解更多。

▶ 你是否对校园农场以外的教育和学习方式感兴趣？跳到第4章：知识共享共创 促进可持续生产。

▶ 你是否想更多地了解消费者提出的市场要求？转到第2章：了解你的市场。

又或许你读的过程中，想到了别的挑战，哪一章可以帮你解决这个挑战呢？

©A.Loconto

# 第 2 章

## 了解你的市场

## 1. 这为什么重要？

市场包含进行产品交换的实体平台与虚拟平台，可以是在指定地点进行面对面交换，也可以是通过简单的口头、书面或数字化的方式形成契约，这些契约决定了某一产品的价值。可持续的市场包括以上所有类型，市场中的主体同意公平地交换当下和未来以可持续方式生产的产品。

本章提供以下建议：

> ▶ 如何找到可以参与的可持续市场。
> ▶ 如何确定最适合销售产品的市场。
> ▶ 如何在社区创造新的可持续市场。

这些内容通常被称为"市场调研"或"市场分析"，包括如何确定什么季节生产什么产品，如何发展业务，以及如何丰富产品线。它们都是产品营销的重要步骤，从而有利于优化在生产、加工、包装和营销方面的决策。

本章讨论的要点对新品测试、市场拓展、吸纳新鲜血液加入倡议活动也大有裨益。

## 2. 为哪个市场生产哪种产品？

有需求并不就意味着有市场。你需要先了解哪些市场已经在销售你的产品，以及这些市场有什么、缺什么。

### 提示8
**制作矩阵表来比对自我产能与市场要求**

参照模板（表2），在左列写出所有熟悉的市场，在首行写出基于对自身市场供应能力判断的重点要求。根据你的生产及采购系统列出这两项内容。

①列出产品供应能力的清单，按照个人优先重点顺序，重新排列清单（例如，已有运输货车，已有大批豆豆），来对收集到的信息加以安排利用。

②利用星号"*"评分法来比较分析各种能力对于不同市场的重要程度，可能需要调整每一行的具体含义，在图例中列出"*"的含义内容。

③一旦发现你的能力最能满足一些市场的需求，并且给这些重点市场排了序，接下来可以考虑以下问题：

a.需求是长期存在的还是正在出现？

b.需求是全年一致的还是只在特定季节旺盛？

c.可以用不同颜色来标明这些差异或者用不同符号标记纵列。

表2　产能与市场需求矩阵

| | 产品供应内部机制 | | | | | 投入需求 | | | 机制框架 | | | | 其他 |
|---|---|---|---|---|---|---|---|---|---|---|---|---|---|
| | 自身能力 | 产品多样化 | 数量众多 | 季节性 | 供应所需的劳动力 | 执行成本 | 储存 | 包装规格（千克、吨） | 所需交通工具 | 距离农场距离 | 管理 | 资质 | 现存和潜在竞争 | 需求稳定性 | 技术要求 | 透明度 | …… |
| 社区支持农业 | | | | | | | | | | | | | | | | | |
| 小商铺 | | | | | | | | | | | | | | | | | |
| 农夫市集 | | | | | | | | | | | | | | | | | |
| 出口 | | | | | | | | | | | | | | | | | |
| 消费者群体 | | | | | | | | | | | | | | | | | |
| 超市 | | | | | | | | | | | | | | | | | |
| 学校和其他食堂（政府采购） | | | | | | | | | | | | | | | | | |
| 批发 | | | | | | | | | | | | | | | | | |
| 餐馆 | | | | | | | | | | | | | | | | | |
| 酒店 | | | | | | | | | | | | | | | | | |
| 网店 | | | | | | | | | | | | | | | | | |
| 采摘 | | | | | | | | | | | | | | | | | |
| 农场摊位 | | | | | | | | | | | | | | | | | |
| （生态）农业旅游 | | | | | | | | | | | | | | | | | |
| …… | | | | | | | | | | | | | | | | | |

注：表格完成后，要根据所选市场评估所有需求。获得所需服务和投入品的报价，包括基础生产设施和运输物流的投资成本。

图例：*代表需求最少，*****代表需求最多。

▶ 商业计划是帮助表格中提炼到的信息落地实施的最佳工具。

▶ 和内部成员组织一次研讨会，共同填写表格。一些成员可能已经具备一定的市场经验，在他们现有的关系网基础上拓展是至关重要的。

## 3. 怎样在矩阵表中填入关键信息？

信息获取的渠道包括互联网搜索，以及电话询问认识的市场经理或商贩。也可以考察市场摸清负责人对供应商的要求。

### 提示9
### 让收集到的信息对其他成员来说好用易懂

①创建市场报告模板，定期更新收到的消息。报告中应包括帮助推进倡议实施并对生产和营销决策有指导意义的主题，如伙伴关系、市场战略和市场拓展的优先序。比如先向成员提出倡议，再向地方政府发起倡议，然后是当地集市，最后出口海外（可以同时进行或按顺序进行）。

②营销方案的制定和方向选择应以市场分析为基础，而且应包括能力需求表格中优先排列的相关条目。

③根据日常沟通方式，这些信息可以放在网站上或办公室里。报告可以是正式的，也可以是非正式的。如果是一张纸上清单也不用担心，从这开始，让它随着时间推移逐渐成熟！

你可以通过与不同的参与者直接接触来获得更具体的信息。下面几小节介绍了一些有效的办法。

©A. Jimenez

41

## 3.1 产品试吃

对味道好坏的直接评价是了解产品是否会热卖的最好办法。试着组织不同群体参加一次试吃活动，从而判断不同的市场是否需要不同的产品（插文11）。

**插文11 厨师与餐厅的试吃品尝活动**（哥伦比亚）

让厨师和食品学教授合作的方式之一是让他们一起品尝不同品种的马铃薯。为此，在Verde Oliva烹饪学校接受培训的年轻厨师、波哥大烹饪界的知名厨师和消费者一起组织参与了形式丰富的试吃活动。活动由地球家族和五家餐馆共同筹办，五位厨师和五种概念的烹饪作品展示了不同的本地马铃薯种类。活动在其中一家餐馆里进行，由二十多人的团队制作菜单。活动宣传海报是由餐厅的设计团队共同制作的。该活动有效地帮助了地球家族公司收集消费者对产品生产、制备和口味偏好的反馈。

资料来源：Oscar Nieto，地球家族

## 3.2 考察农场和食品加工设施

根据考察对象不同（消费者或生产者），考察范围应做相应调整。虽然这种类型的访问目的是分享一些农业实践，但它更主要是一种信息获取方式，来帮助你推出新的产品或服务。因此，重点是展示一些新想法并让消费者有机会参与部分活动（插文12）。

**插文12 农民参观加工厂**（哥伦比亚）

就地球家族生产的本地马铃薯片而言，参观加工厂对该协会的生产者非常重要。在生产者了解从加工到增值的整个产品生命周期、观察到他们的马铃薯是如何被炸制和包装之后，他们就更能理解为什么必须选择正确的马铃薯来生产薯片。这些考察的主要目的是分享信息，以便改进整个过程，帮助不同系统的主体之间建立信任。

资料来源：Oscar Nieto，地球家族

## 3.3 焦点小组

焦点小组是一种从潜在消费者样本中收集信息的有效手段。它们有着各自的研究目的（包括深入研究和产品测试）并在不同的时间进行。举例来说，如果你在社区举办了多次培训课程，就可以利用这些课程来组建焦点小组。思考想要了解的内容和对象，有针对性地设置焦点小组（插文13）。研究性焦点小组的参与者通常是没有报酬的。不过，如果给他们的问题涉及关于你的产品或者营销活动计划的具体内容，他们的宝贵意见应该有所回报！

### 插文13　何时以及如何开展焦点小组？（厄瓜多尔）

"生态乡村"（EkoRural）基金会进行了一项案例研究，重点关注乌托邦基金会组织的厄瓜多尔社区盒子计划中的生产者与消费者关系，目的是增进对替代性食品联络网的理解，或者更具体来说，对生态农业市场渠道的理解。该研究旨在深入了解乌托邦基金会的消费者与供应乌托邦基金会的生态农业农民协会 Nueva Generación de Tzimbuto 之间的经济和社会关系。研究还组织了多次访谈活动，试图阐明各方对生态农业作为一种生产系统的不同理解，生产者和消费者对产品质量的预期和沟通，影响购买选择的因素，参与倡议的驱动力，面临的困难以及在消费者之间、生产者之间、消费者和生产者之间建立社会联系。

举行焦点小组研究和后续信息跟进会议，以帮助验证访谈中获得的信息，创造进一步讨论的机会，并就特别关心的问题寻求进一步澄清。

#### 焦点小组中的群体动态

为了更好地理解焦点小组讨论的内容、结合更多背景信息，观察研究小组动态必不可少（Morgan，1997）。"生态乡村"基金会在他们开展的一个特定的焦点小组研究的记录中印证了这些动态的重要性。

在讨论中并非所有参与者都有平等发言权。有些人发言比别人多，有时组员会对什么是最好的方法产生细小的分歧。参与者的发言风格也多种多样。有一位女士说得很多，但有时也会重复自己的话，或者一边说一边思考。另一位参与者说得较少，但似乎更注意自己的表达。主持人要尽力把所有在场人的意见都囊括进去，特别是多问问那些比较安静的参与者他们有什么意见，或者当有人开始重复观点时就讨论下一个问题。

资料来源：Ross Mary Borja，"生态乡村"基金会

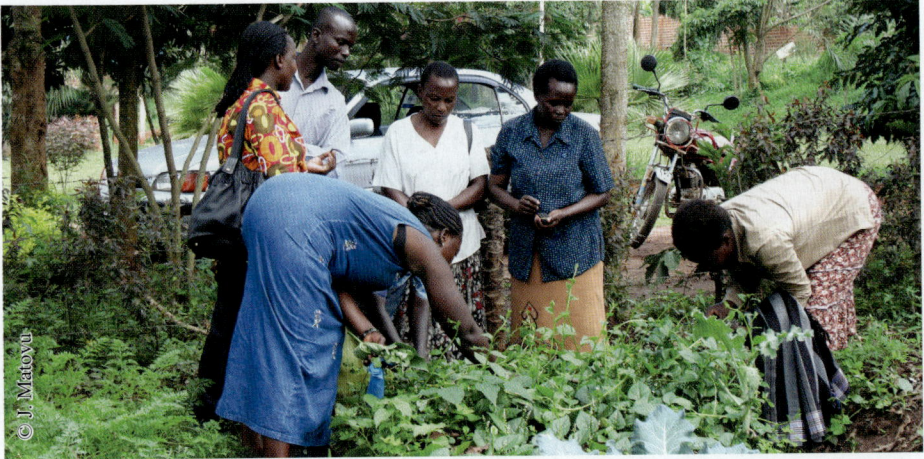

## 3.4　展销会和博览会周边活动

生态农业博览会不仅有利于推动生态农产品的销售，也为文化活动和研讨会提供了场地（插文14）。这些活动可以帮助加强生产者与消费者关系，促进信息和经验交流。不得不说，这些活动是收集市场信息的好机会。

> **插文14　卡塞伦的生态农业博览会**（厄瓜多尔）
>
> 卡尔塞伦是位于厄瓜多尔首都基多北部的一个教区和卫星城市。通过举办生态农业博览会及相关活动，提高人们对更负责任的消费者行为的认识，并将生产者与消费者联系起来，创造一个交流各自需求和期望信息的空间。例如，烹饪和自制天然化妆品讲习班已经开办。博览会还有一个信息篷，消费者可以询问在售产品的各种问题（Kok，2017）。这种集市属于邻里活动，目的是恢复农村社区没落的传统价值，这些社区接纳过大量来自卡塞伦的第一代移民。正如参展的生产者协会主席所说：展会办得非常成功，因为它有一个环节是由消费者和生产者在地里协作完成的。每个月我们都会去拜访我们的合作伙伴（农产品生产者），然后组织40人的活动。这个活动被称为allin ruway（当地土著语言Kichwa语意为"做得好"），用Kichwa语是希望加强消费者和生产者间的联系。
>
> 资料来源：Ross Mary Borja，"生态乡村"基金会，厄瓜多尔

## 3.5 全新的信息通信技术

手机应用程序、互联网和社交媒体正越来越多地被用于生产者和消费者之间的信息分享（插文15）。

### 插文15 通过电子邮件开展的市场调研（哥伦比亚）

面对波哥大Sumapaz社区的环境、社会和经济需求，Agroindustrias Nutriandina S.A.S.这家哥伦比亚公司应运而生。它应用有益于环境保护、农民增收还能保障消费者健康的可持续农业模式，生产和销售有机食品。公司用电子邮件进行市场调研，分析评估活跃和潜在客户对开设新店的兴趣和意见，包括新店位置、经营产品以及提供的服务。作为这项研究的一部分，他们还收集了消费者的社会人口数据，包括他们的偏好、消费习惯和期望从有机食品店获得的服务。这些数据帮助公司锁定了他们活跃的目标消费者群体：波哥大30～60岁的中产阶级居民。他们随后开发了一套变量，结合调查工具（表3），让他们可以收集更多关于消费者行为和偏好的数据。

**表3 市场选址前的消费者问卷**

| | | | |
|---|---|---|---|
| 识别消费者 | 消费习惯与偏好 | 您知道有机食品和传统食品之间的区别吗？ | 封闭式选项 |
| | | 您食用有机食品吗？ | 封闭式选项 |
| | | 您是否认为食用有机食品有益于您的健康？ | 封闭式选项 |
| | | 您会食用什么类型的有机食品？ | 多选 |
| | | 您多长时间吃一次有机食品？ | 封闭式选项 |
| | | 您知道什么是雪莲果，以及它对您身体有什么益处吗？ | 封闭式选项 |
| | | 您是否希望在市场上找到一个可以消费雪莲果制品的地方？ | 封闭式选项 |
| | | 您每月花多少钱购买有机产品？ | 封闭式选项 |
| | | 您在哪里购买有机产品？ | 多选 |
| | | 与传统食品相比，你愿意为了有机食品多花多少钱？ | 封闭式选项 |
| 确定可做销售点的位置 | 成功关键因素 | 您会为了买有机食品去多远的地方？ | 封闭式选项 |
| | | 为了去有机商店购物，您会更愿意去到市里的哪个地方？ | 封闭式选项 |
| | | 为了能买到有机产品，您会去波哥大的哪些街区？ | 封闭式选项 |
| | | 在1到5范围内，1代表非常糟糕，5代表非常好。您如何评价这些社区的公共交通便利程度？ | 数值区间 |
| | | 在1到5范围内，1代表非常糟糕，5代表非常好。你如何评价这里的社区安全程度？ | 数值区间 |

（续）

| | | | |
|---|---|---|---|
| 认清销售点应具备的理想特征 | 成功关键因素 | 您认为产品一定要带有 INVIMA 认证吗？ | 封闭式选项 |
| | | 您认为产品带有有机认证标签是否重要？ | 封闭式选项 |
| | | 请标出您想在有机食品商店销售的产品。 | 多选 |
| | | 请选择您认为优秀的有机食品店应具备的条件，可多选。 | 多选 |

资料来源：Andrea Moya，Agroindustrias Nutriandina SAS，哥伦比亚

## 4. 如何建立尚未存在的市场？

一旦了解有哪些市场机会和哪几种市场存在，就需要开始谋划和建立新的市场。

### 4.1　建立一个农夫市集

#### 4.1.1　如何获得经营场所？

怎样选择合适的市集场地也是一项重要挑战（插文16）。除非倡议有自己的活动场地，否则将不得不借用、租用或购买场地空间。私营企业、教堂和市政府可能会把他们的停车场、花园、公园或广场借给你，不过你往往需要就具体安排细节进行谈判，并尊重他们的财产使用规则。

---

**插文 16**　北京有机农夫市集（BFM）："流动市场"（中国）

北京有机农夫市集（BFM）首次于2010年9月开幕，但当时只有组织者的熟人参加。因为市集在城市的不同地点举行，所以也被称为"流动市集"。从那时起，供应商的数量已经从不到10个增加到40多个，微博粉丝已增长到8万多。在2013年，有超过200名供应商申请加入，但市集还没有制定新供应商的准入程序和规则。不过，农夫市集试图保持多样性，维持"全球与地方、商业与社会正义"的平衡。现在，BFM依旧是一个流动的市场，并且几乎所有下一个举办地点的想法都是直接

来自消费者的提议。这些地点包括但不限于：宝马4S店活动中心、北京加拿大国际学校、铁匠厨房、朗园艺术广场、新世界女子百货、崇光购物中心儿童活动中心、三里屯那里花园广场、红墙花园酒店、史家胡同。除了在不产生成本费用的情况下寻找 BFM 的活动地点，消费者还提了关于组织建设和信息分享的建议。市集的流动性使得它可以同时在城市的不同地点举行，鼓励消费者持续参与，来保证他们不会错过市集下一个出现的地方。

资料来源：Xueshi Li，香港中文大学，深圳和 Allison Loconto，INRAE<br>想了解更多，请访问 www.facebook.com/farmersmarketbj

## 4.1.2 确定市场卖方和产品准入标准

建立农夫市集之前要事先确定交易规则。有时市集对哪些人可以销售产品都有限制：只有农民可以卖，还是商人也可以卖？在其他情况下，产品本身也受到限制：市场是否只包括经认证的有机产品，只包括季节性或鲜活农产品，还是也包括加工产品？保证信息公开透明并就市场管理"章程"达成一致对想要经营农夫市集的人来说至关重要。

**检查清单**

**撰写农夫市集章程：**

①谁可以在市场上销售？

②谁可以在市场上购买？

③对销售的产品类型是否有任何限制？

④每个产品的价格在固定范围内波动，还是根据市场价格波动？

⑤允许哪些支付方式（现金、信用卡、政府发放的购物券）？

⑥如何处理付款？在市场管理的集中点还是由每个供应商单独处理？

⑦市集多长时间举办一次？

⑧在哪里举办？

⑨经营市集的运营成本（场地、电、水、广告等）如何支付？

⑩是否有文娱和公教活动的空间？

⑪由谁来管理，报酬是多少？

## 4.2  建立学校供膳计划

学校供膳计划非常丰富，而且往往很复杂。家长们越来越多地要求学校提供更健康和更加可持续的膳食选择。了解你所在地区的学校食品计划，看看是否有家长协会有兴趣立项，从可持续生产倡议里选择采购方案。

Un Plus Bio 协会是 2002 年在法国成立的法国第一个全国性组织，致力于发展有机的学校供膳计划。他们有面向家长和当地民选官员的指南。相关内容请访问 Un Plus Bio 网站（http://www.unplusbio.org）。

### 提示10
**确保了解国家为学校供餐的法律要求**

这一点不能忽视，因为并不是所有学校都有权指定他们的食品采购方案。

## 4.3  建立社区支持农业

社区支持农业（CSA）是一个术语，用于描述生产者和消费者之间的多种直接销售模式。这些模式正在世界各地兴起，而且相对容易建立，只需要专门的生产者和消费者在同一个指定社区里即可。

### 提示11
如何创建CSA

无论 CSA 是由社区还是农民发起的，都建议采取以下步骤。

（1）理解概念

重点要了解 CSA 中预计采取哪种生产模式（产品多样性、有机或生态农业、生产连续性等），以及 CSA 社区应建立什么样的内部关系。可以联系所在地区或国家的其他 CSA 倡议，来了解更多有关情况。

消费者应该为消费承诺做好准备，因此，很有必要思考是否能够维持这些承诺。关键承诺包括预付款项，参与分配，帮助管理团队，或者时不时帮助农场工作。

农民和消费者一同分担风险和利益是 CSA 的一个关键因素。这意味着如果出现大丰收，消费者将获得很大份额，并需要将其冷冻或保存起来以备不时之需。反而言之，出现自然灾害，他们每周的份额也可能会减少。

（2）规划

作为一个生产者，估计产能和可能出现的状况很有必要。你的产品能供应多少个家庭？需要多少工作时间？是否能够独自完成工作，还是应该雇用员工？

（3）寻找成员

要启动CSA，关键是要找到可以成为合作伙伴的核心消费者群体。

▶ 如果你已经通过其他营销渠道进行销售，问问你的客户是否有兴趣加入你的CSA计划。

▶ 问问你的朋友或邻居。有了他们，你就不必从零开始建立信任。

▶ 搜索现有的团体：托儿所、环保组织、公众团体、工作场所等。此外，像替代学校或瑜伽中心这样的地方也可以成为寻找对健康食品和社区合作感兴趣人的好地方。

▶ 联系当地的CSA网络（如果有的话）或任何已经在处理这个问题的非政府组织。

（4）组织公开会议

有了第一个合作方后，就要准备在公开活动上寻找新的消费者。不要害怕缺乏经验。CSA是一种伙伴关系，（其他）消费者会帮助你找到解决方案。会议议程建议包括：

▶ 什么是CSA？

▶ 为什么要食用当地种植生产的食物？农业工业化的风险是什么？

▶ 为什么小农户需要支持？

▶ 成为CSA成员的好处是什么？

▶ 评估参与者的承担义务水平。

▶ 建立核心小组分配职务和职能。

邀请一位有经验的CSA农民参加会议将大有裨益。

透明度是重中之重：所有问题或顾虑都该被提及，因为CSA一定要建立在根基牢固、坦诚相待上。

（5）收集承诺并确定第一季的日历

这一切需要多长时间？建立CSA的时间表可能因开始情况和周围社区而不同。一般来说，用来计划初始阶段、与人交谈和阐述计划设置的时间越多，准备工作就越充分。

资料来源：《加入CSA! 社区支持农业培训配套手册》，2016年

© A. Loconto

© A. Loconto

## 4.4　建立一个互联网平台

许多倡议都在利用互联网来创立网上商店，在那里，个人生产者和生产者团体可以列出他们的产品，而消费者则可以浏览订购，方便送货或取货。这些在线平台可以是倡议的一部分，也可以是新成立的公司，或者是全球电子商务网络的一部分（插文17）。

### 插文17　孤军奋战还是团结协作？（贝宁）

PREMIUM HORTUS是贝宁的生态农业技术平台，专门从事有机生产模式，生态农产品电商为生产者提供了支持。PREMIUM HORTUS网站有网页、手机应用程序，以及在线支付方案，让您可以订阅、选择购物车的内容、订购、在线支付，并将水果、蔬菜、鸡尾酒和有机产品安全地送到您的家中。目前它有两个方案让这项服务对较贫困的家庭更加友好。CALIM+是一款食品信贷，能在会员现金不足时帮助他们付款；CONSOM'Acteur应用程序会帮助消费者跟踪其饮食习惯和食品需求。PREMIUM HORTUS收集剩余的食物，并将其送到有需要的人手中。

PREMIUM HORTUS保障生态农业生产者在贝宁的生态农场外永久获得天然种子、生物肥料和特定生物农药。它通过相互交流、能力建设、绿色商业管理方面的个性化技术支持以及适应性强的清洁技术解决方案，提升小农和家庭农场的专业性和韧性。

资料来源：Emmanuel Simbua，Premium Hortus
要了解更多，请访问：http://premiumhortus.com

开放食品网络（OFN）是一个由地方非营利组织组成的全球协作网络，它们共同开发了开源软件，并通过本地化在线平台提供给世界各地的食品中心（如英国OFN、澳大利亚OFN、法国Open Food、Katuma、加拿大OFN等）。它致力于建立开源的数字基础设施（知识共享平台）来让短距离食品链经营者能够更好地管理活动，更有效地合作，构建粮食主权。正如消费者和生产者联合起来创建食品中心一样，在OFN中，食品中心也会一同创建数字食品基础设施并共享使用。

## 提示12
### 如何找到可持续的市场

▶ 在决定销售产品场所前，确保熟悉市场要求，并了解要具备哪些能力才能满足这些要求。

▶ 尽可能多地与倡议成员（消费者、生产者、中间商和其他感兴趣的行为者）接触。他们是找到可持续市场的最佳信息资料来源。

▶ 如果你周围没有可持续发展的市场，那就去建立它们！

© A. Loconto

# 学习之旅，接着读哪一章？

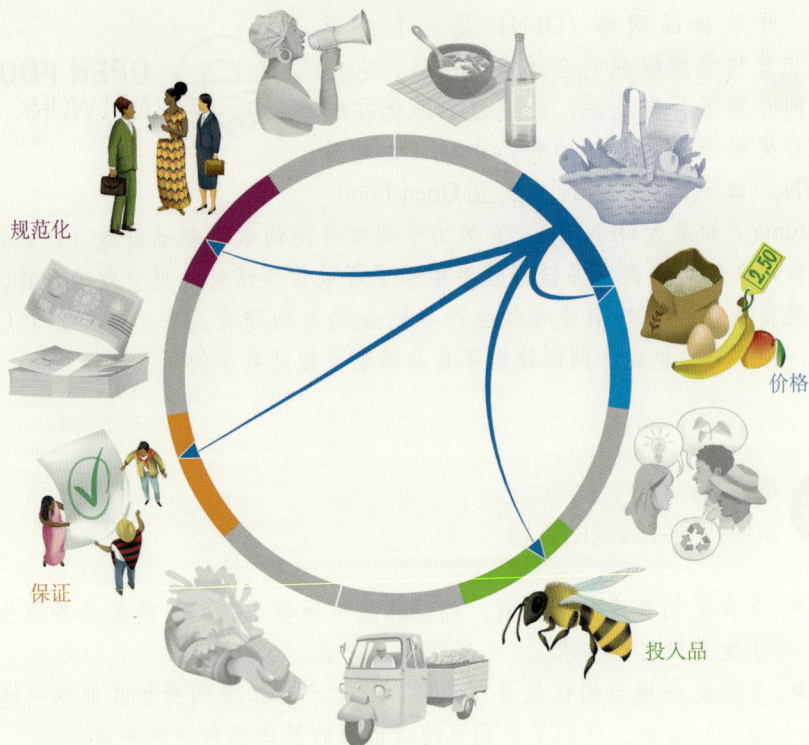

▶ 你想知道CSA是否是推销你产品的正确选择？请参阅第10章：集体工作规范化。

▶ 你想了解如何获得必要的投入品以满足你的市场要求吗？请参阅第5章：管理和获得可持续投入品，了解详情。

▶ 想学习如何为不同市场的产品定价吗？请看第3章：确定"合理"价格。

▶ 客户是否想了解你的可持续模式？也许可以向他们解释你的保障体系……第8章：可持续性的保证，将为你提供指导。

或者你有更好的想法？继续进入下一章。

**40**

ME MONG...
...acer de comer Bien

Gastronomía
con identidad
local

Ofrece:
* Sopaipillas          $200
* Empanadas Queso  $350
                Pino   $350
* Empanadas mixtas  $500
                $500
* Té              $600
* Cafe            $2.000
* Mate
Colación:
* Porotos con rienda
* Pan o Sopaipillas
* Pebre

©A.Loconto

# 第3章

## 确定"合理"价格

## 1 这为什么重要？

如何核算可持续生产的全部成本，又怎样与各类买家和消费者协商价格呢？毫无疑问，做市是永恒的难题，尤其将可持续原则贯穿到粮食体系的方方面面则更是难上加难。

我们应对成本进行核算，或者说让农民知道生产成本的目的是为了重新计算价格。然而，由于消费者也习惯于购买廉价食物，这让重新议价变得格外困难。

因此，给粮食制定对买卖各方来说都公平合理且可持续的价格是最现实的经济难题，也是保障农业实际价值的基础。

在许多国家，粮食定价方式会对小农生计产生重大影响，这通常因为小农几乎或根本没有参与定价环节。此外，全球大宗商品、原料和金融市场的变化也会影响国家和地方市场，在这些市场中，生产者只能接受价格却不能议价。然而，随着可持续粮食体系中的小农作用越来越凸显，其不再只受制于传统贸易和市场约束，也具备了讨价还价的能力。

本章我们将讨论基层创新，并尝试展现一些为了小农利益，从系统上改变并挑战市场价格权威的小型创新模式。

## 1.1 成本与价格

生产成本与价格之间有着本质区别。

生产成本包括生产一个单位产品所需的投入成本，如时间、劳动力和资金。例如，印度南部泰米尔纳德邦在2015年生产一千克大米的农场成本平均下来要15卢比（TNAU，2015）。然而，该标价是生产者根据市场行情制定的，例如，2015年泰米尔纳德邦大米的政府采购价为14.7卢比/千克（Kamaraj，2015）。

对于全球的小农来说，给他们的产品制定合理价格相当具有挑战性——这个价格既要覆盖他们的成本，又要使他们获得可观的利润，并在下一个种植季节进行投资，而且要长期可持续。但是，如果此价格永远不变，那么它往往并不具有代表性，且极易发生错配。造成这一现象的原因是这些价格是由中间商确定的，而生产者很少或根本不参与谈判。

鉴于生产者在计算时往往只包括购买投入品的成本，故生产成本部分被他们低估了。劳动力成本（即使是他们自己付出劳动）和市场交易成本（例如运往市场的运输成本）很少被包括在内。环境和社会的外部因素通常不予考虑，而与其他农民合作或实行规模经济所带来的节省下来的成本往往被排除在外。最终，小农户在其产品的价格谈判中面临着巨大挑战。

在可持续的粮食体系中，确定能够减除生产者成本的价格是粮食体系社会性和经济可持续性的组成部分。一些中间商和消费者专门寻求确保足够的补偿，而其他人则不这样做。

## 1.2　为什么需要"重新定价"？

重新计算农产品价格的动机是考虑潜在成本和收益，例如环境破坏、自然资源修复、生态系统服务（经济学家将这些称为"外部性"）以及为生产者提供市场价格优势的品质亮点，包括：本地种子特性，颜色特殊，味道好，有机健康，当地生产，手工或工匠制作，等等（插文18）。

"重新定价"与传统的定价机制相比，主要区别在于"重新定价"包含潜在成本，并且保证农民和消费者在买卖中都受益。找到公平、可持续的价格对于各主体如何重新评估农业在社会中的作用和如何创造可持续粮食体系至关重要。

虽然有的数学公式可以帮助计算这些价格，但确定"正确的"价格从根本上来说是一个同理心谈判的问题，以及使用新的商业模式的问题，这种模式可以更好地计算生产和分配的真实成本，并有助于确保粮食体系的各个参与者都能平均分享利益。

可持续性粮食体系价格计算公式示例

生产与交通成本 **+** 外部因素 **+** 质量特征 **+** 消费者的购买意愿 **+/-** 利润率或收益

可持续性价格

©A. Loconto

**插文18　真实成本核算**

　　真实成本核算也被称为总成本、总价值或总影响。它是一种计算非市场产品价值的方法，例如环境和社会资产，用以分析企业或社会的成本和效益。在成本计算中考虑不利和有利的外部性，可以帮助生产者更好地理解自己的辛苦付出应该得到怎样的补偿。当真实成本计算用于重新定价时，应考虑价格制定的成本和为生态系统服务的费用。生产者不断积累的知识能让他们在价格谈判中更有底气。《自然资本议定书》建立了一个重新计算全部生产成本的工具包（https://naturalcapitalcoalition.org/wp-content/uploads/2017/11/NCP-SEEA-Toolkit-Sep-2017-IDEEA-Group-1.pdf）。

©A. Loconto

## 2 如何管理透明的参与式定价机制？

大多数建立透明的参与式定价机制的方法都是没经过验证的。当消费者意识到生产的真实成本并愿意为此付费时，它们就产生了，这是受支持食品真实价格的愿望的驱动，或者是对生产者通过价格谈判的影响力的响应。

当各主体了解其他主体的情况和约束条件时，定价机制才是最有效的。

## 2.1 生产者

### 2.1.1 挑战

在可持续粮食体系中，只有少数生产者才能参与到定价机制中，这降低了在市场上销售的最终产品的利润率。农民与市场的距离和价格谈判机制在很大程度上影响着生产者控制价格的能力。

在本地市场，生产者一般比较容易销售产品，因为他们能和消费者直接交易，更容易谈成公平合理的价格。而在距离比较远的市场，不论是在市场准入还是保证透明度方面，挑战性都更高，因为需要借助中间商。季节更替也会影响价格，因为它直接影响市场供应。旺季意味着市场供过于求，消费者支付给生产者的价格较低。

农民经常面临的最严重的挑战之一是权衡销售量和所得价格。根据农产品的保质期，农民必须要么等待市场价格的变化并保留他们的库存（缓慢地释放产品），要么在价格低而需求高的时候立即出售（通常是全部产品）。许多农民不得不做出这样的选择，因为储存空间有限，或者需要立即获得现金用于日常开支。

### 2.1.2 生产者如何计算可持续价格的各个组成部分？

可持续粮食体系的价格制定应兼顾透明度和公平性。除了生产成本，这一过程还应考虑各种潜在成本，如生态系统服务和其他隐形成本。它应该包括与传统粮食体系当前价格相匹配的合理利润。计算生产成本和隐形成本需要大量的知识技能，并非轻而易举。

然而，有一些简单的方法可以计算已在售和新产品的价格。应该采取以下步骤：

① 记录生产过程中农场的日常杂务，以获得关于生产时间、成本和投入品的信息（插文19）。

**提示13**

记录农场日常杂务

坚持做农场记录可能是一个费时费力的过程，需要详细地记录、分门别类和全面会计测算。不过实际没必要这么麻烦！只需要从简单的开始，准确描述农场的工作。例如：

▶ 买了多少种子？

▶ 花了多少钱？

▶ 播种是什么时候？

▶ 灌溉用了多少水？

这样一来，就记下了劳动时间相关的支出费用，以及购买农场产品和投入的相关信息，这些记录将提供精确计算作物生产成本所需的信息。

---

**插文19  教孩子做记录**（乌干达）

FreshVeggies有限公司是乌干达的一个参与式保障体系（PGS），他们的小型创业项目让孩子们也学会了做记录。小学适龄儿童会被分配一些小型项目（通常是几只鸭子），他们的任务是抚养这些鸭子，最终将鸭子出售来付学费。在他们的学习和定价过程中，做记录非常重要。小小年纪，他们就已经有能力面对长大后务农的现实。

资料来源：Julie Matovu，FreshVeggies有限公司

---

② 确定产品在价格和质量方面的定位，方便瞄准最有利的市场和消费者。

记住这条黄金法则：高价低质对消费者来说是不可持续的，而低价高质对生产者来说是不可持续的……必须找到最佳平衡点！

③ 发现并衡量在你的目标市场里别的生产商给产品定的价格，这会让你更好了解预期的价格。

④ 如果你要引进一个新产品，那么新奇和质量属性应该作为一个价格组成部分。为此，要确认消费者是否愿意为新产品买单，因为这将有助于你定价。

**提示14**

如何了解消费者的支付意愿

a.为了获得对质量的反馈，并确定消费者愿意为不同产品支付的价格，可

以向一小群潜在的消费者展示一系列有竞争力的产品（包括自己生产的产品）。然后消费者会判断先选哪一个，并对选择提供反馈。以此为依据，可以对产品的定位、价格或包装进行相应的调整。

b.在直接市场中，要允许顾客讨价还价，前提条件是有回旋余地。消费者提出的价格会与最终成交价达成一致。例如，消费者提出以较低的单价购买较多数量的产品的情况就是个合理的讲价理由，因为这能让生产者清理库存。

**如果产品是加工的，就必须包括加工费用。**

**提示15**
**给加工产品定价需要多种计算方法**

销售加工产品时应考虑以下因素：

a.混合各种方法，既可以根据成本确定价格，也可以根据创新、市场饱和及消费者支付意愿确定价格。

b.这种混合应当根据每个市场的情况以及领导这一过程的企业家或企业家团体的经验和直觉综合判定。

©A. Loconto

c. 评估加工选择和相关成本。试着找到既能加工又能解释说明加工产品成本的公司。这可以帮助制定合理的价格，因为你不必承担购买和维护所需设备的所有费用。

d. 测试产品在市场上的价格，来确定适当的价格。

e. 记住，价格是买卖双方的协议，随着新信息的出现，可以随时调整。因此，应定期修定价格，或在某一特定事件发生时进行修定。

⑤ 与研究人员和服务供应商建立合作关系，他们可以协助你了解隐藏的生产成本，并将其纳入价格计算中（插文20）。

**插文20 囊括外部因素**（哥伦比亚）

哥伦比亚的地球家族（Familia de la Tierra）公司尝试将外部因素和质量属性纳入本地马铃薯品种定价模型中。公司与哥伦比亚国立大学合作，开展了"农用工业技术走廊"项目框架下的一项研究，目的是确定二氧化碳排放量。研究表明，生产9 000千克的马铃薯会产生大约6 000千克的二氧化碳排放。公司决定将部分收入用于推动自然经济（每40克薯片包装收0.02美元），即种植30棵树，这些树长大后，将吸收6 000千克的二氧化碳（每棵200千克）。可以看出，这种方式消解了其中一个外部性因素，并将其转化为了积极的产品属性。

资料来源：Oscar Nieto，地球家族

⑥ 一旦确定并理解了价格组成部分，生产者就可以开始与粮食体系的其他主体协商公平、可持续的价格。请记住，仅凭生产者可能无法计算出消费者对加工成本或外部因素的支付意愿。公开的中介或生产者组织可以帮助生产者实施这些活动，这需要在体现在价格上（插文21）。

**插文21 三个标准帮助生产者界定何时接受交易**（印度）

达成普遍共识的底线标准可促进买方和生产者进行买卖，这一点特别适用于小农间的买卖。在可持续粮食体系中确定任何交易参数时，必须考虑这些标准。对于印度的小农户，也许还有世界上其他国家的小农户，有三个主要的适用标准：

a. 生产者在一个季节出售所有种植的产品。

b. 生产者以满足投入成本和利润的方式获得合理的产品价格。

c.生产者在截止日期内收到了所有交易款项。

这些标准是交易性的，旨在以货币或另一种易货的方式实现公平的交换产品。理想情况下，生产者需要满足上述三个标准才能认为价格公平。然而，鉴于市场条件，往往满足这三个要素中的两个，就可被大多数生产者所接受。在这种情况下，小农的风险会成倍增加，因为他们十分缺乏保护措施来对冲市场和价格的冲击。任何定价和交易的谈判都应该在与小农沟通时考虑这些基础条件。

资料来源：Ashish Gupta，贾维克·哈特信托基金

©A.Loconto

⑦ 最后，一旦与其他参与者商定了一个可持续的价格，生产者应尽量稳定他们的收入，树立消费者的信心。

## 提示16
### 通过多元化稳定生产者的收入

a.**持续创新**：开发更多的农产品，使生产者能够通过对当地、区域，以及在某些情况下对全球市场的做法，保持和提高利润水平。这种创新可以解决以下问题：谁是目标消费者？产品应该包括哪些特征？还可以包括哪些其他特征？可以提供哪些替代品？

b.**作物多样化**：实现粮食种植多样化，可以使农民和农民网络通过平均

利润保留他们的收入。当一种产品的市场价格下降时，也许别的产品会产生更好的收入价值，从而"平衡"利益。

c.**通过包装实现农产品的多样化**：开发不同的新奇的和可持续的包装，使农场或农场网络拥有一个共同的品牌或符号，从而在市场上处于战略地位。这种独特的包装可以带来更好的价格，往往也就能给生产者带来更高的收入和利润。

d.**根据植物周期的成熟状态实现产品的多样化**：鲜活产品能否实现商业化的可能不仅取决于其空间组成部分，即某种作物的种植数量，还取决于植物的生长周期和成熟度上（发芽、生长、开花、结果和种子生产各阶段）。根据无性繁殖周期的具体时间，可以收获幼苗规格、正常规格（商业标准）、用于装饰的食用花朵，甚至可以收获同一植物的种子用于当地和区域的销售。

e.**价格和市场细分**：为不同的消费者群体设定不同的价格，即根据消费者的支付意愿（和能力）设定价格。遵循这一策略，你可以从每个利基市场或市场中获得尽可能好的价格。如果你的消费者和价格表是明确的，你中后期的平均收入会非常稳定。

## 2.2　消费者

### 2.2.1　挑战

消费者和生产者一样，都是可持续粮食体系的关键组成部分。尽管在建立新的供应系统和高昂的初始价格上困难重重，但可持续粮食体系中的消费者往往是倡议的支持者。他们的支持源于保障家庭健康以及维护环境和农民整体福祉的初心。今天，消费者面临的主要困难是能否获得优质的产品和公平的价格。由于要确保产品来源符合道德标准，可持续生产的产品成本有时更高，这些资金负担可能会落在消费者的肩上。

以价格制定委员会为例，在有些情况下消费者也能参与价格制定过程。然而，除社区支持农业倡议外，消费者往往被排除在价格讨论之外。难点在于，可持续粮食体系依赖于友好的生产者和消费者关系，如何建立一个透明的供应系统，从而确保生产者和消费者都了解产品的价值，并有权提出质疑。

**提示17**
**帮助消费者了解"合理的"价格**

a.**透明度和信任是关键**。告知消费者并分享你的故事。抓住包括交货和付款在内的每一个机会，分享更多作为生产者所做的事情，以及你们区别于其他生产者的特殊性。

b.组织能够推动消费者与生产者的互动活动，例如为消费者提供农场周末参观活动，鼓励他们参加"填满你的篮子"的亲子活动，组织消费者与最喜欢的产品生产商见面，并了解这些产品与传统产品有何不同，分享定价背后的故事。

### 2.2.2 消费者如何了解合理的价格？

消费者对农产品价格和季节性的了解，是建立并维持坚实市场基础的一个关键因素。和生产者一样，消费者也需要参与价格制定过程。

要做到这一点，可以采取不同的策略：

a.邀请消费者到农场（或加工厂）亲自体验。向他们展示产品是如何培育的，并与产品质量产生联系。

b.成立价格制定委员会，与消费者协商一个公平的价格。在生产者和消费者之间有一个透明的中间商会有助于本步骤的实施。

c.消费者能够很好了解产品质量相关信息。有的消费者喜欢阅读标签和认识品牌，有的则更愿意直接从生产者、商店老板或朋友那里了解这些信息。

d.引导消费者如何自己生产食物，从而增进对生产成本的理解（插文22）。

e.鼓励消费者向中间商和产品资料来源方询问价格信息。同样，鼓励中间商及时公开产品供应成本和风险信息。

f.告知消费者价格及价格波动（插文23）。

**插文22　教消费者自己生产食物**（乌干达）

鉴于消费者难以对生产成本有充分理解，同时为了满足他们对高品质农产品日益增长的需求，FreshVeggies 的成员在私人顾问的支持下，为当地消费者设计了一款家庭园艺包。这款家庭园艺包大约需花费57美元，基本套餐包括各种蔬菜幼苗或种子（足够在90天内生产大约100公斤的各种蔬菜），以及 FreshVeggies 团队提供的现场技术咨询。消费者可以购买这个园艺包，并请 FreshVeggies 的专家来在自家后院开辟一个花园。随着种植过程中的成功和失败，消费者可以了解并感受可持续粮食体系的实际成本。

资料来源：Julie Matovu，FreshVeggies 有限公司

## JULS咨询
### 农业企业与可持续社区发展

  我们创立的目的是满足客户需求，为他们提供切实可行的解决方案，帮助他们应对在农业规划和建立、社区组织可持续发展的组织能力建设、农业培训和推广等方面的挑战。

  我们通过有机农业综合服务，促进社区可持续发展。我们提供小型作物和动物生产的实践培训，保证自家消费和用于销售的食品安全；**长地里安全，到盘子里也安全。**

  我们的基本家庭园艺包内有：

- 160～220种蔬菜苗木和直接播种种子，关注到你家庭的营养需求[*]。
  - 30棵菠菜幼苗
  - 30棵花椰菜幼苗
  - 30株绿/白/红甘蓝苗
  - 10株番茄苗
  - 30棵洋葱苗
  - 30个沙拉生菜
  - 30个胡萝卜
  - 30个甜菜根
  - 5克园艺混合香草
  - 10克ddodo/jjobyo/Nakati种子用于受控广播
- 两次实际家访、一个预创办计划参观及一次种植布置活动
- 一个种子盘
- 一本有机蔬菜管理手册
- 已种植作物的免费季节咨询
- 园艺包费用：UGX200 000=（仅200 000先令），包括一笔金额不高的专业费用，还有两次家访的交通费用。花园开辟前三周确认预订，须交50%的订金。

[*] 每个季节你的花园预估平均收获90～100千克安全的新鲜的蔬菜产品。

Juls consults 与 FreshVeggiesPGS[**]互相关联。

### 定制服务：

  我们可以根据您的特殊需要定制服务。内容包括：

- 灌封袋
- 认证有机肥料
- 准备好的盆栽袋和灭菌或处理过的土壤和有机肥的交付
- 补充有机输入
- 洒水灌溉包

### 我们的联系方式：

  Ggombe B，Bukasa Parish，Wakiso District，Kampala 邮政信箱11133.

  Email：matovujuls@gmail.com

  联系朱莉女士0701636688/0772636688或者乔治先生07560473377

---

[**] FreshVeggies PGS 是一个松散的有机小农网络，主要成员是乌干达坎帕拉周边城市郊区的妇女。该举措旨在确保小农的可持续农业生产，增加家庭收入，并为当地消费者提供安全健康的有机食品。它是一种地方市场创新，将农民聚集在一起，形成统一的资源池，用于知识交流和有机农业技能提升，帮助他们与可持续发展的市场联系。

**插文23　市场调查是共享信息的方法**（乌干达）

FreshVeggies成员会在顾客中开展小规模调研。每年年初，FreshVeggies PGS通过邮件发送简单易填写的表格，或将其置于快递箱中，分享他们的价格或任何价格变化、介绍新产品同时给客户提出新产品诉求的机会。如此一来，顾客能及时、个性化地了解产品的价格。

资料来源：Julie Matovu，FreshVeggies有限公司

## 2.3　透明中介

### 2.3.1　挑战

虽然许多可持续粮食体系试图通过直接销售和缩短供应链绕开中间商，但均因中间商的独特作用而无法将其排除在外。它们有助于促进双方交易，并投资于生产者和消费者无法管理和负担得起的储存和运输。

中间商的最大挑战是满足生产者和消费者的市场需求，即使这些需求是不匹配的。透明中介通常会意识到如碳足迹、由于对杂交作物品种的偏爱而导致的本土生物多样性的丧失以及其他与可持续性相关的问题。因此，一个可持续的粮食体系要有能力强的透明中介，帮助农民将他们的产品引向市场，同时考虑消费者对于可持续性的关切和他们使用短供应链的愿望。根据生产者和消费者的不同需要，存在不同类型的透明中介（插文24）。除了物流和聚集功能外，中间商可以提供广泛的服务，以推动大家进行知识共享和共同行动来维系可持续粮食系统。

**插文24　三种不同类型的透明中介**（韩国和印度）

下面根据消费群的大小和所提供的服务，重点介绍了三种透明的中介模式。

（1）**大型规模模式：Hansalim合作社，韩国**

Hansalim合作社通过给生产者和消费者提供相同权益，来创造透明环境，让他们能够经常参与很多合作活动，包括定价。Hansalim的宗旨是"Hansalim走生产者的路"，并提供定价途径，生产者可以安全舒适地维持生产。在新季度到来之前，合作社的员工、消费者以及生产者会开年度会

议决定价格。考虑到韩国的传统进口商品易受市场冲击的影响，该合作社持有用于生产和价格稳定基金的循环缓冲资金，在价格严重波动的情况下为生产商创造了"缓冲"。总的来说，在Hansalim的框架内，价格保持相对稳定。最终售价的75%将直接支付给生产商。据报告，Hansalim 2016年的整体市场销售额为3.62亿美元。

资料来源：Hansalim合作社2016年报

(2) **中等规模模式**：Dharani FaM合作社，印度

该合作社支持PGS有机农业的农民以商标名"Timbaktu Organic"整合和销售产品。合作社为其成员提供正确的农产品称重方法，并为其提供比现有市场价格高出25%～30%的价格。此外，还给生产者3%～7%的年度零售激励。和农民一样，这些价格在季度开始前都是相当固定的。尽管提供了这些利润，但可持续粮食生产的总价格仍比大品牌的产品市场价格低了大约20%。农民随时可以透明地获取采购、定价和营销机制。2016年，Timbaktu Collective的整体市场销售额为31万美元。

资料来源：Timbaktu Collective 2016年年报

(3) **小型规模模式**：Jaivik Haat，印度

Jaivik Haat是印度新德里的一家私营企业，有着天然有机食品零售供应系统。它为采取生态农业的小农户和贫苦农户提供销售机会，特别是为获得参与式保障体系（PGS）认证的农户提供卖货渠道，并给予他们透明的市场准入。运营利润率约为最终市场价格的35%。定价的方式有两种：第一种，生产者（或者他们的组织）根据他们的成本定价，Jaivik Haat将管理供应链的溢价加入。第二种，如果农民因为缺乏

信心而不敢定高价，Jaivik Haat会提前购买他们的产品，并以最可能的市场价格在现货市场卖出，最终均价的60%～70%都返还给生产者。两种方式中，消费者都可通过反馈环节间接参与定价。在第一种情况下，如果生产者定价过高，销量则不达标，这种情况下，农产品价格可以相应降低，以确保必要的销售量。由此可见，公开市场有助于通过灵活学习调整来确定价格。Jaivik Haat尝试根据机会成本商议出可能的最佳市场价格。因此，市场和消费者可以根据实际交易而非根据第三方预先估算来协商实际成本。

资料来源：Ashish Gupta，贾维克·哈特信托基金

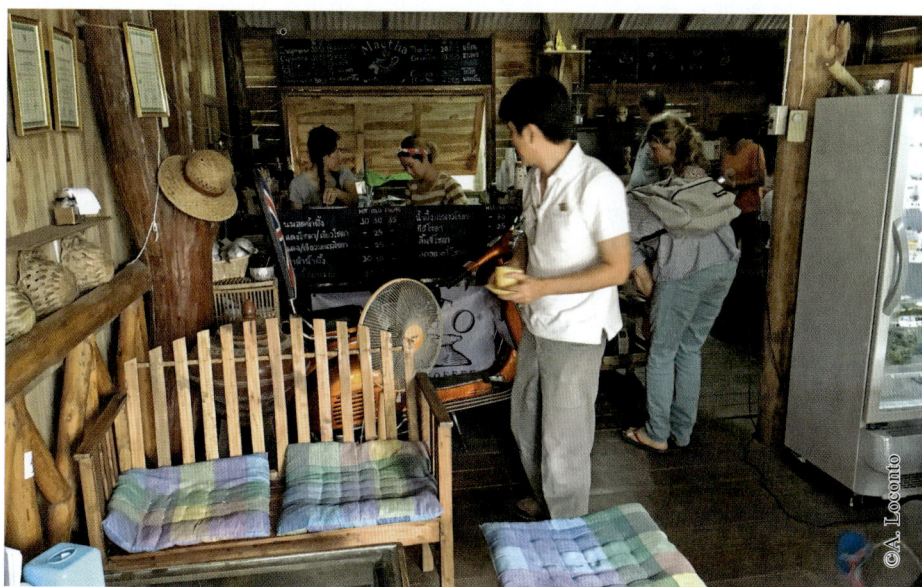

## 2.3.2 透明中介如何助力系统其他参与者间的谈判？

透明中介在有效连接生产者和消费者方面发挥着举足轻重的作用，因为他们需要制定让价值链所有成员都满意的价格。

至于生产者，中间商首先必须了解生产者的成本结构，了解他们的竞争对手在其市场区域内设定的价格（甚至是未来市场的预期价格）。

为了设定可持续性的价格，中间商需要协调建立生产者-消费者之间的协商流程（或者与粮食体系中的其他主体）。实现这一流程的方法有很多：

① 定价委员会（插文25）。

**插文25　CSA的定价委员会与定价机制**

公平合理的价格是CSA项目的核心。定价模式可以根据团队成员、地理位置或意识理念不同而有所不同。URGENCI不同成员提供的三个策略案例体现了多种可能。

a. 农产品实际成本定价：评估整个CSA农场生产季节的预算。包括所有的费用，例如与生产直接相关的种子、工具和投入品、劳动力、机器折旧等。总成本除以CSA的成员数量。例如，如果整个季节的生产成本是1 000美元，有20个成员，每个成员应该支付50美元/股。这样就可给每个成员的股票定价。

b. 商讨定价：在这种定价模式中，定价是小组成员的直接责任。农民评估CSA农场的整个预算，并将这个数字公布给成员。然后成员们私下里写下个人能支付多少钱，把这些金额加起来，如果金额符合预算，价格就随即确定了。如果总金额与预算需求不符，成员们会再次投标，直到达到预算。

c. 市场价值定价：参考农民的市场价值可能是最常见的方法。先定下目标价格，即人们愿意为蔬菜盒子计划支付的价格。然后，在当地农夫市集或类似的直销或短供应链中，根据单个商品的价格确定份额，直到达到目标价格。例如，如果人们愿意为每周送货支付高达15美元，那就可根据市场价格来调整股份。

资料来源：2016 Be Part of CSA Booklet

② 参与式市场调研（插文26、插文27）。

**插文26　参与式市场调研（PMR）（乌干达）**

总部设在乌干达的FreshVeggies有限公司在其"市场准入改善生计（MAIL）计划"内开展工作，在其有针对性的参与式市场调研（PMR）计划中让生产者和消费者面对面交流，从而在价格模型方面取得显著成效。FreshVeggies成员在当地市场、家庭和工作场所采访潜在消费者。他们在这个过程中收集消费者最感兴趣的产品信息，并为这些产品争取未来客户。根据FreshVeggies参与者数量，以及与潜在消费者的交通距离，PMR可能需要花2～5天。

第一天：向参与者介绍PMR流程，完成PMR中包含的问题，并解答相关流程的问题。

第二至三天：PMR在当地市场/住宅/办公地点开展，收集并记录信息。

第四至五天：对PMR中收集的信息进行编译合成（图3），对潜在客户形成反馈，讨论价格，并达成购买协议。

**PGS市场中开展参与式市场调研的信息摘要**

**产品：例如有机马铃薯**

| 农场地址/工厂/市场摊位 | 质量/种类/尺寸要求 | 数量要求 | 派送频率及特殊打包要求 | 对于所要求产品的其他已知资源 | 价格/价格区间 | 付款方式 | 受访者对PGS销售的接受程度（是/否） |
|---|---|---|---|---|---|---|---|
|  |  |  |  |  |  |  |  |
|  |  |  |  |  |  |  |  |
|  |  |  |  |  |  |  |  |

图3 PGS参与式市场调研成果模板案例

生产者用这种方式可与潜在消费者直接建立联系，讨论生产高质量农产品的成本投入。同时，消费者也会对劳动密集型的农业生产过程有更深的了解，也因此更愿意为这些生产者提供资金支持。

资料来源：Julie Matovu，FreshVeggies有限公司

**插文27 茶产业的价格分摊率**（坦桑尼亚）

在坦桑尼亚，茶叶由大庄园和小农共同生产。庄园还拥有大部分加工厂，而小农则被认为是外围种植户（合同制农民），他们只拥有自家管理的小园子。在对外围种植户的定价权进行长期斗争后，坦桑尼亚决定用供应链的生产成本作为分配比例（基于边际生产力的经济理论）。它通过最大化企业在产出生产中购买的投入品（即为生产要素的服务）的数量来分析利润。

生产成本模式被认为是坦桑尼亚茶叶行业的一种公平可行的方法。基本上，所有相关的生产成本都被用来确定所售茶叶的市场价格的分摊比

例。下图简单概述了这一过程，结合小农户和工厂的生产成本，得到耕种、加工和销售茶叶的成本的简单公式。这种方法可以从投入方（GL）或产出方（MT）两方面进行研究。不过，为了建立一个计算价格的共同基础，这里采用 GL 来衡量。

基于这个公式，就外围种植户和加工商在拍卖会上获得的最终价格中各自的份额达成协议。这些价格包括由生产者和加工者分摊的各种利润。由于最终的茶叶价格在很大程度上是由品质决定，这种公式和方法对价值链中的所有参与者都有约束力，以确保送到拍卖会上的最终产品符合最高的质量标准，从而获得最佳价格。

资料来源：Emmanuel Simbua，坦桑尼亚茶叶研究所

### 2.3.3 透明中介如何为其活动设定一个公平的利润率？

透明中介的作用是制定同时满足生产者和消费者需求的市场价格。总的来说，透明中介的合理报酬是售价的 30% 左右，从而使透明中介能够在经济上发挥其基本功能，即物流和聚集，并对其工作给予报酬，而售价的 70% 左右是给生产者的（插文 28）。这样一来，农民得到了公平的市场价格份额，消费者得到了有关供应链运行成本的透明信息。

©A. Loconto

**插文 28　分享收获农场的合理价格模型**（中国）

①计算成本（投入品、土地等）＋劳动力＋工资
②对比有机市场价格，计算产品定价
③生产成本的 15%～30% 留作运营和日常管理费用
④农民可获得最终市场价格的 70%～85%

## 2.4　政策制定者

　　决定由谁来承担可持续粮食生产的实际成本是一件复杂的事情。有人建议政府和决策者应该承担所提供的生态系统服务的费用，而不是让消费者为最终产品付更高的价格。除了这些类型的费用外，政策制定者还可以采用两种不同的策略来影响定价：

　　①　政策制定者可以发挥透明中介的作用，便于生产者和消费者获得价格信息（插文 29）。在某些情况下，当粮食体系参与者之间的谈判极具挑战或当可持续生产者异常脆弱时，政策制定者也可以制定最低价格。

**插文 29　政府作为透明中介**（印度）

　　在印度，从公共市场采购常规产品是政府充当"透明中介"的例子，一些商品的价格由中央政府机构——农业成本和价格委员会提前确定（CACP；http://cacp.dacnet.nic.in），形成"最低支持价格（MSP）"。CACP有完善的模型，用于计算农民实际成本，涵盖水稻、小麦、豆类在内的 27 种粮食作物，以及黄麻、甘蔗等经济作物。政府的作用是扶持农民，管控价格，并且直接购买农民的产品。在公开市场价格出现波动的情况下，政府也会在计算的价格之上定期发放补贴。

基本的MSP计算依赖各种因素，包括农民的投入品成本、平价、历史价格、供求关系等。因此，CACP的计算方法由各种成本组成：

成本A1=培育成本，包括投入品成本、劳动力、折旧、税、利息、杂项

成本A2=A1+土地租金

成本B1=A2+固定资本资产（不包括土地）的价值利息

成本B2=B1+土地租金值和所租土地的租金费

成本C1=B1+家庭劳动的价值

成本C2= B2+家庭劳动的价值

成本C2*=成本C2+基于市场利率的劳动力额外价值

总成本C3=成本C2*+C2*的10%（农民管理成本）

尽管该计划的概念在印度得到广泛认同，但实施该计划的实际情况取决于市场因素、政府赤字和政治环境。政策制定者可根据这些因素选择相应上述公式。用这种方法计算价格对确定公开市场价格有重大的影响。然而，它忽略了可持续农业固有的环境外部条件。未来可能会有包含这些因素的相关案例。

资料来源：Ashish Gupta，贾维克·哈特信托基金

② 决策者可以通过政府采购为可持续产品创造一个特定的市场，从而向可持续生产者提供溢价和有保障的市场销路（插文30）。

### 插文30 公共机构采购项目（IPPs）与定价影响（巴西）

#### 食品采购项目（PAA）与全国学校供膳计划（PNAE）

政府采购项目的范围可能很广。鉴于食品通常被供应给公立学校、食品救济机构、监狱和医院。2003年，通过小农户的结构化需求与国家粮食安全战略的直接关系，巴西实施了首批公共机构食品采购计划（IFPP）。虽然大多数政府定价计划至少要提交三份投标书供审查。但巴西政府决定放弃这一程序，规定"食品必须由家庭农民生产；价格不应高于区域市场的参考价格；并规定了每个人每年的采购，严格遵守每年为每个家庭农业单位规定的采购资金限额"。(Joppert Swensson，2015，第16页)

PAAMG（食品采购项目管理集团）负责制定界定PAA参考价格的标准，目前的标准如下：

a.所有产品的参考价格根据过去12个月在本地/区域批发市场进行的三次价格调查的平均值而定。

b.其他机构可以使用全国供应公司（CONAB）和国家供应公司确定的参考价格来简化流程。

c.相对于传统产品的参考价格，有机产品的参考价格最高可提高30%。

d.参考价格有效期为12个月。

通过这种方式，政府负责为所有产品建立一个公平的参考价格。反之，农民可以根据这一外部措施确定他们的价格，以便获得政府机构采购资质。

资料来源：Emmanuel Simbua，L.（2015）
机构从小农户采购粮食——巴西案例.罗马：联合国粮农组织
http://www.fao.org/3/a-bc569e.pdf

③ 尽管人们普遍认为需要支持并加强粮食体系的可持续性，但政策制定者仍然把传统农业当作优良传统的一部分，通过提供投入品补贴和实现项目现代化的方式，支持传统农业。这些类型的激励和补贴会对粮食市场价格产生反作用，使得可持续生产的粮食看起来比实际价格要昂贵得多。政策制定者可以做很多事情来补救这种情况，首要任务是要充分了解粮食的实际成本。（http://www.fao.org/nr/sustainability/full-cost-accounting/en）

## 提示18
### 如何找到可持续的价格

▶ 参与者个人无法拥有制定公平和可持续价格的所需信息。保持信息透明则可以帮助每个人得到更多信息。

▶ 同理心是谈判中的关键，而换位思考有利于定价。

▶ 不管有没有透明中介的帮助，价格委员会和集体商议都会带来更公平的价格。

▶ 可持续价格包括生产的全部成本、生产的数量和所需的质量。而且这个价格可以被及时支付、长久地保持。

©A. Jimenez

73

## 学习之旅，接着读哪一章？

合作伙伴　消费者　市场　知识

▶ 想了解更多为定价而创造的创新伙伴关系吗？第11章：引入合作伙伴和支持者可以为这个问题提供更多见解。

▶ 想了解如何组织消费者参观农场，详见第2章：了解你的市场。

▶ 想建立一个定价委员会却不知道在哪里寻找消费者？试着读第1章：吸引并留住消费者。

▶ 想学习更多可持续生产的知来帮助定价？请继续阅读第4章：知识共创共享　促进可持续生产。

或者你可以去读读其他感兴趣的章节……

# 第二篇
# 可持续生产

知识

投入品

在接下来的几章中，我们将探讨可持续粮食体系的生产。

不过，我们不会详细介绍可持续生产实践——这类信息是必须依赖具体场景，并非本书目的。以下网站可以帮助获取相关信息：

▶ www.fao.org/sustainability/frameworks–approaches/en/
▶ www.fao.org/agroecology
▶ www.ifoam.bio/en/organic–30/organic–food–system–program
▶ https://www.ifoam.bio/sites/default/files/organic_food_system_in_practice_feb2017web.pdf

本书侧重于可持续生产系统组织管理的两个方面：如何共创共享知识、促进可持续生产，以及怎样管理和获取可持续的投入品。

这两个主题都包含了许多新想法，我们分享了作者的相关经验，可能有助于你阅读本书。

# 第4章

## 知识共创共享　促进可持续生产

## 1. 这为什么重要?

可持续生产要求生产者能获得关于自然循环、人类干预和系统间相互作用的各种信息和知识。

可持续发展的关键之一在于能够为今世后代创造和分享知识提供平等的机会。所有主体都要了解"可持续生产"的含义，这将提升整个粮食体系的认识。尽管如此，建立知识共创共享的机制需要具备创新意识、合作能力，同时知道和谁合作。

本章将介绍"如何"进行知识共创共享，以及正式或非正式形式自发组织的各类主体是"如何"实践的。

### 提示19
### 弄清楚正式和非正式方法在什么时候更合适

当需要不断提升能力和知识时，正式的知识创造和分享方法（如基于法律框架下的合伙人制度、制度化知识、长期培训课程）其实更为合适。非正式的方法则较为简单。

## 2. 怎样将知识应用于可持续性生产?

这里有两个非常有趣的方法，最适合用于共享和共创可持续生产相关知识。

（1）干中学

该方法强调通过实践来积累知识和经验。其中包含很多方式，如农民间的参观交流、行动研究和参与式研究等。这样教育方法适用于各种场景，并认为知识在于运用，因为可持续农业知识积累是来自于个人经验和实践总结。

### （2）农民主导的实验方式

该方法更强调把农民作为创新的关键载体。农民主导的创新平台有多种组合：农民－公共主体平台、农民－民间社会平台、农民－私营部门平台、多主体创新平台和农民田间学校。农民主导的试验是一种由农民与既有农民团体在自身田地里发起并开展的研究。这种方法让农民能找到适合当地农业生态/有机和社会经济条件的技术性选择。

**提示20**
**反思农作方式的可持续性**

认识自身活动所具有的可持续程度是明确知识差距的重要开始。自我评估，简单到每天把自己的日常和感兴趣的可持续实践标准作对比，就有助于更好地理解和传达可持续性的话语。这也会让你做出更明智的决定，并成为获取认证的必要过程。

首先，看看你从培训中获得的材料或任何你想要遵循的标准。你还可以使用以下这些国际公认的工具指导实践。

▶ SAFA 指南（联合国粮农组织）：联合国粮农组织可持续性指标，由从业人员和专家分析制定而成，目的是为可持续生产的评估提供重要的概述。

了解更多，请访问：

www.fao.org/nr/sustainability/sustainability-assessments-safa/en

▶ SHARP（联合国粮农组织）：农牧民抵御气候变化能力自我评价和综合评估报告（SHARP），是为了满足小农和牧民在个体家庭和社区层面评估其气候韧性需要而制定的。

了解更多，请访问：

www.fao.org/in-action/sharp/en

▶ 农业和价值链最佳实践指南（IFOAM）：该指南旨在指导、引领和激励人们通过可持续农业开展合作，增强个人和组织的能力，改善自身表现和做法、提高生活质量和社区福祉。

了解更多，请访问：

www.ifoam.bio/sites/default/files/best_practice_guideline_v1.0.pdf

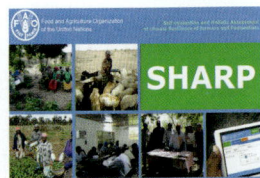

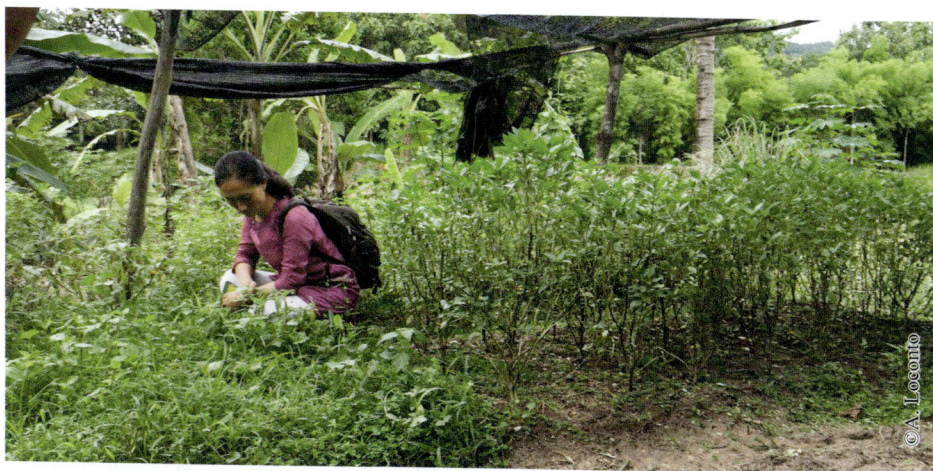

©A. Loconto

# 3. 不同机制对应不同的目标

## 3.1　农民间的交流参观

交流参观有助于同其他开展可持续农业的生产者分享知识。这些参观包括正式拜访或者日常交流，从而保证成员之间能够持续不断互通信息。此外，交流活动也可以专门开展，如需要讨论当前热点或需要了解特定信息的时候（插文31）。

> 请记住，当农民之间的关系建立在信任的基础上时，交流参观可以有效地用于分享知识。

如果农户间相互信任，他们不会担心知识盗用，也更容易获得相关信息。

**插文31　TRIT农民交流项目**（坦桑尼亚）

作为一项宽泛技术转让计划的一部分，农民间交流参观正在被坦桑尼亚茶叶研究所（TRIT）用于支持小型茶农间的知识共享。通常，类似活动都会安排让更懂技术的农民帮助那些在类似问题上技术落后的农民。一个最重要的基本假设是，同样的一项技术，由熟练掌握的农民来指导，和让推广官员或任何外部人士推广，前者更可能被人接受。

这种参观可分为两类：村内参观（同一地区内）和跨区域参观。

参观其他地区往往对农民更具吸引力。除了能够学习自己关注的话题外，农民们还能接触和了解新的环境和食品，并结交不同文化背景的新朋友。总之，这些因素促进了农民之间的联系，并创造了积极的学习氛围。

对于解决有关生产或者价值链提升类相关问题，内部交流参观是简单高效的方式。这样的参观时间不会很长，因为他们都有着相同生态环境耕作环境，农民之间交流起来更方便。虽然这样的交流不能完全重现"旅游体验"，但它们确实提供了建立团体关系和社交网络的机会。

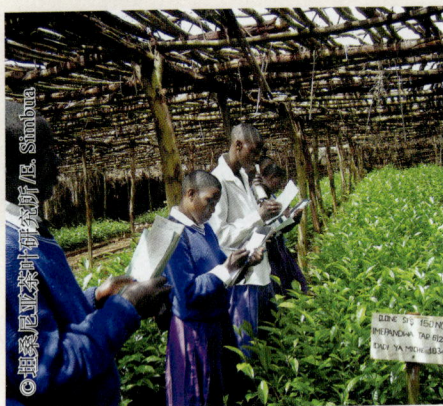

在安排交流参观时，需要考虑以下重要的后勤安排：

① **参与者人数**。参与者的数量必须可控，保证集体参与的顺利。基于TRIT的经验，参与者数量在20～30名是较为理想的，因为他们可以刚好坐上一辆小型巴士，然后一起出行，并在旅途中持续地开展讨论与交流。

② **活动时长**。参观应尽可能简短高效，可以是一天几个小时的内部交流，也可以是1～3天的跨区参观。

③ **后勤保障**。TRIT还为参与者提供住宿费，以便于他们开展连夜参观。而在为期一天的短暂访问中，项目组织者也会为参与者提供茶点，以营造良好的讨论和交流氛围。此外，TRIT配备了两辆30座的小型巴士，来回接送参与者。

以往经验表明，这种方法在提高交流质量方面非常高效。在参观过程中，作为东道主的农户感到自豪和荣幸，很欢迎到访的客人，同时也想给他们留下好的印象。与此同时，到访者也希望能向东道主表达感激之情。因此他们也期待有一天也能作为东道主来展示自己的优秀模式。但是这个交流机制也有一个很大的缺点，那就是如果没有像TRIT这样的支持机构，这样的交流机制可能难以持续。

资料来源：Emmanuel Simbua，坦桑尼亚茶叶研究所

## 3.2　农民田间学校

农民田间学校（FFS）因其能促进实际和直接的实验（农民主导的方法），而被证明是可以促进农民间分享知识的高效方式。它尤为强调推广适合当地实际的模式和技术。这种方式对于推动当前农业向可持续农业转型尤为重要。农民田间学校还可以推动形成可以交流经验的社区，当参与者决定参与到如加工或销售可持续产品等活动时，这些社区往往是这些活动的起源地（插文32）。

**提示21**
设立一所农民田间学校

①如何设立农民田间学校开展培训师培训。
▶ 每位创始人都应该准备一份培训报告，提交给组织的管理层和同事。
②确保创始人提高对农民田间学校的认识，以便告知大家并获得支持来实施它。
▶ 这种活动通常发生在会议或村庄集会期间，并向所有感兴趣的生产者开放。
▶ 提供有关农民田间学校的历史、目标、技术成果和实施条件的信息。与会者可以分享经验，讨论面临的主要挑战和如何设立农民田间学校。创始人可以记录和收集这些信息。
③选择农民田间学校地址。
▶ 学校选址应至少在培训前一个月开始，并同农民团体或社区组织协商决定。
▶ 选址必须考虑到该区域的限制条件（可能造成的土地权属争端、动物危害、洪涝灾害等）从而尽可能确保选址安全、交通便利。
④对制约因素和现实情况开展调研，了解生产者的做法和遇到的问题。调查将有助于确定培训的内容。
▶ 这项工作最好在耕种前的一个月就启动，创始人应该通过采访当地生产者和参与者这样的参与式手段，充分了解相关情况。
⑤学员的筛选在很大程度上也会影响培训成功与否和项目效果。
▶ 学员筛选可以参考以下标准：属于种植研究中的作物的生产者；属于志愿者；对创新持开放态度；能够定期参加培训课程；接受来自其他生产者的知识传播；接受参观他们的农田。
⑥准备和推进培训课程。
▶ 根据基本调查的结果确定培训方案。农艺学和其他特定主题（如群体

动力学、昆虫知识、堆肥生产等）均可纳入培训课程。它应该鼓励生产者对其他生产者的关切作出回应。

▶ 准备培训材料、可视化资源等。

▶ 激发农民进行自我反思、互动交流并对感兴趣的主题直接开展试验。

▶ 通过有效地控制讨论，创造良好的学习环境，从而确保男女老少都能平等参与。

▶ 在课程的期中和期末进行结果评估。

⑦组织结课仪式并颁布证书。这能很好地向社区宣传农民田间学校在扩展学员知识领域和提升产量方面发挥作用。

资料来源：http://www.fao.org/3/a-i4411e.pdf；http://www.fao.org/3/a-i3948f.pdf

---

**插文 32　孵化器农场**（法国）

越来越多法国小农开始设立孵化器农场。最近建立的全国孵化器网络（国家农业试验空间网）见证了其发展过程。

其中最成功的例子是"可能的田野"孵化器。这些孵化器由巴黎当地的 CSA 网络创建，用以满足在短链农业系统中新人数量增长的需要。正如在彼得·弗尔茨等的著作（2017，第34页）所说：

孵化器农场可为新种植者在试种期间提供土地、设备、指导及法律保障，其目的是帮助他们在建立自己的农场前，获得新技能和信心，并试验相应的耕作方法，从而建立消费者基础和形成专业网络。对于缺乏实践经验的农民来说，这是实现从培训到实践的关键途径。

自2009年成立以来，"可能的田野"孵化器已经培养了40名未来农民，并帮助安置了14名新农民。它还扩大了试验区域，并与当地一家有机农业协会、一个名为 Terre de Liens 的全国性社区土地信托基金以及 CSA 网络开展了更大规模的合作。其目标是建立一个非正式的平台，在当地培养更多新农民。他们都认为有必要在不同的专家组织之间进行合作：第一个提供有关农艺技能培训的指导，第二个负责分配系统和社区联系，第三个开展试验田项目，最后一个寻找和保护土地。因此，有必要使不同层次的组织开展合作从而形成广泛系统的活动，其目的是帮助未来农民"从计划雏形转向农业实践，确保他们能顺利地开展农业生产"（彼得·弗尔茨等著作，2017，第36页）。

资料来源：Jocelyn Parot，国际社区支持农业联盟
了解更多，请访问：
www.accesstoland.eu/IMG/pdf/reneta_overview_farmincubators_france_en.pdf
www.terredeliens-iledefrance.org/le-pole-abiosol
www.leschampsdespossibles.fr

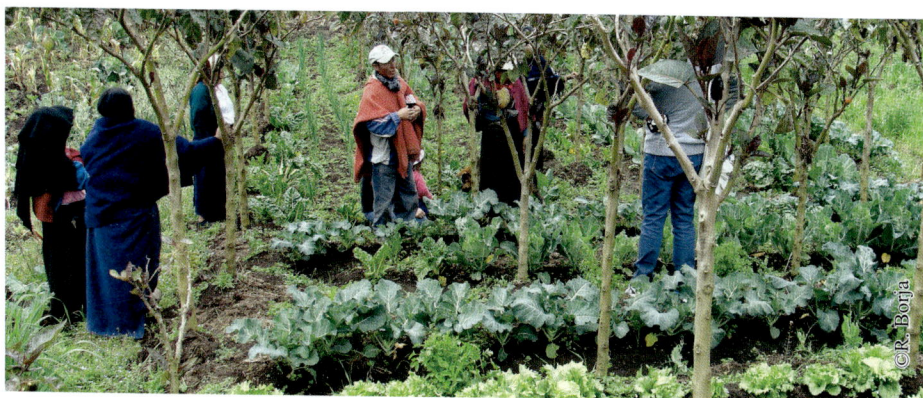

©R. Borja

## 3.3　参与式研究和行动式研究

参与式研究和行动式研究非常有助于扩充农户知识量，促进某个既定粮食体系中不同主体之间的集体学习和理解（插文33）。

▶ 在参与式研究中，研究者和参与者共同提出研究问题。然后通过研究者参与项目活动来收集和分析数据。

▶ 虽然行动式研究并不总是建立在共同提出的问题上，但其目的是通过合作伙伴参与来进行研究，从而在项目中带来改变。

**插文33　推广农业生态实践的行动研究**（厄瓜多尔）

"生态乡村"（EkoRural）是厄瓜多尔的一个非政府组织，通过自发形成、以民为本的方式，促进农村地区的社会技术创新。"生态乡村"重在建立生产者和消费者之间的新型关系。2010年发起的生态农业推广行动，将来自Tzimbuto的一个农民组织与位于Riobamba的加那斯塔乌托邦社区组织的城市消费者联系起来。如果选择行动式研究方法，参与者需要详细记录并严格分析过程中出现的产品、做法、关系、供应和规则，便于总结出常用的处理方法。研究-行动方法实施过程如下：

① **记录和分析预期目标。** 作为一个经验丰富且在开展行动研究的组织，"生态乡村"聚焦于人，记录了农民组织"新一代农民组织"（Asociación Nueva Generación）的建议，并分析了加那斯塔乌托邦社区组织和"新生代"农民组织的预期目标。

②**分享预期目标**。通过召开会议，"生态乡村"的专家促成了两个组织成员间互相分享期望，从而创造相互了解和达成共识的可能。为熟悉卡纳斯塔乌托邦社区组织的动态变化情况，当地农民还参加了交流和学习活动。来自加那斯塔乌托邦社区的消费者通过对"新一代农民组织"开展调研，显著提升了他们对现实和当地消费重要性的认识程度。

③**制定交付方案**。这个方案始于2010年，尽管消费者注意到一些交付产品有质量问题，但是还是形成了一个不太紧密的联盟。生产者缺乏生态农业生产和直接销售的经验，在协调和组织产品采集、质量控制和交付方面存在困难。

④**通过对话消除分歧**。在项目的头两年，"生态乡村"为来自Tzimbuto村的农民提供交通补贴，以便于他们更好参观卡纳斯塔乌托邦社区组织。"新一代农民组织"决定重申产品质量的重要性，确保按期交付的商品数量充足、品类丰富。

⑤**重新对接**。为了尊重与卡纳斯塔乌托邦社区组织达成的协议，"生态乡村"支持"新一代农民组织"成员调整耕作方式，更好展现和维护安第斯生态农业模式。通过农民间的互相访问，引进了新物种和本地品种、交错种植、轮作和农场规划方案，从而扩大了农业生态产品的选择范围。交付和质量控制系统也得到了显著改进。

⑥**鼓励持续的反馈**。"生态乡村"为开展定期会议提供了便利，使两个组织的成员能够不断交流分享，从而确保信息互通。每次活动结束后，消费者都会对产品进行评估，并邀请生产商代表参加这些评估会议。此外，生产者代表被邀请参加卡纳斯塔乌托邦社区大会，从而为生产者提供表达交流的机会，以便讨论价格和签署合作协议。

根据所采用的方法，创造了一种创新的互动形式，生产者和消费者共享价值和目标，共同确定公平价格，并从基于利润最大化的关系过渡到基于互惠和信任的价值的关系。

资料来源：Ross Mary Borja，"生态乡村"基金会

## 3.4　互动式创新

互动式创新是一种多元主体结构，旨在围绕可持续粮食体系中确定的挑战和机遇，促进和开展各项活动。互动式创新无固定章法，主体也可以不同。除了民间社会和农民的参与外，这些类型的创新通常还涉及公共和私营主体（插文34、插文35）。

### 插文34　民间社会－公共部门合作，推广生态健康理念（哥伦比亚）

1994年，哥伦比亚社会福利局设立了一个法律框架，用于确保公民和社区参与公共卫生计划的规划、管理和评价。作为该法律框架的一部分，还设立了公共卫生领域的社区参与委员会（COPACO），提供讨论和协商的场所。在苏马帕兹市的波哥大区域，拿撒勒医院与当地COPACO合作，申请并获得了公共卫生秘书处的财政支助，由此建立了人类潜力开发中心（CDPH）。鉴于拿撒勒医院是该地区的唯一农村医院，CDPH设立的初衷是借助名为"生态健康"的方法改善健康，从而满足农村人口的特殊康养需求。CDPH由主题公园和生态治疗方案的两个主要部分组成。

①**主题公园**是一项从根源解决农村地区健康问题的创新战略。这些问题包括不安全的工作条件、不恰当的耕作方式、不充分的饮食、分散的人口、低收入和与人与环境之间的敌对关系。

- **粮食的供应和获取**：通过与主题公园互动，各个家庭粮食的供应量和获取量都有所增加。通过丰富、恢复和保护在公园内种植和分布并分配给家庭的古老营养类物种，显著增加了各个家庭饮食的多样性。

- **消费和生物性利用**：消费者对健康饮食和健康食品的认识得到加强，以达到适当的健康和营养状态。

- **食品安全和质量**：为了生产生物价值更高的粮食、创造更健康的田间工作条件，向停止使用杀虫剂的农民发放补贴。

- **健康的栖息地**：培训指导农民采用清洁生产方式，并向公园游客展示良好农业规范（GAP）。

- **安全和健康的工作环境**：通过社区、个人、正式和非正式部门采取行动和开展培训，有利于营造健康的工作环境。

②**生态治疗计划**是向弱势群体提供的一种创新性康复疗法。通过实施干预技术和战略，重新创造有意义和有价值的社会角色，从而增加就业机会，提升社会包容度。在波哥大，约100名街头居民和各种精神疾病患者都被纳入了生态治疗计划，并为他们提供了一种不同的健康改善方法。他们接受园艺、生态、医疗、心理和精神治疗，以核实、诊断、描述和治疗他们的疾病。

资料来源：Andrea Moya，Claudia Helena Prieto公共卫生主题公园，
综合卫生服务提供网络

### 插文35 农民-研究人员伙伴关系（肯尼亚）

农民是本土知识和实践经验的创造者。然而，他们的专业知识历来都未被重视。同时，非正式创新体系和正式研发体系之间的融合很有限。支持农民的主要模式都是"自上而下"的"技术转让"：科学家确定研究重点，开发技术，并在专家的帮助下，将其传授给技术推广人员，由他们再转让给农民。这种方法下，农民无法参与新技术的开发和传播。

因此，农民很少采用这些技术，他们往往认为这些技术与他们的社会、经济和环境情况无关。好在人们逐渐认识到，农民拥有的宝贵知识和经验，能为农业研究和发展做贡献。作为这些技术最终使用者，应该将农民纳入技术研发的全过程。

为了验证、采用和扩大农民的创新，肯尼迪参与式生态利用管理协会（PELUM）和乔莫·肯雅塔农业大学（JKUAT）与社区还有具有不同知识和技能的志同道合者合作，参与了一个互动实验。研究发现，对创新的科学支持提高了农民的知识能力，而科研人员与农民的合作则建立了农民对其将技术应用于自己农场的能力的信心。这种伙伴关系激发了农民的主观能动性，使农民参与到了正式的研究过程。

这样的伙伴关系旨在弥合农民和研究人员之间的鸿沟，增强农民为主的研究模式，为农民在JKUAT了解其他农民的研究成果和技术创造提供了路径。PELUM根据在菲律宾实施多年的"农民和科学家促进农业发展（MASIPAG）"模式中学到的经验，开展自身项目。

资料来源：Carmen Cabling，奎松参与式保障体系

## 3.5　民众主导的建议

放眼全球，政府开始认识到自上而下的建议是缺乏实效的，因为这种方法没有始终将可持续性纳入其向生产者提出的解决方案中。现在，我们正在下更大力气，通过地方层面的创新规划和行动，提高公民参与度。调节社区和公共机构之间关系的地方领导人在其中发挥着关键作用，他们是应对可持续性挑战并能提出创新解决方案的核心力量（插文36、插文37）。

**插文36　Yachachiqs**（秘鲁）

秘鲁2012年全国农业普查显示，10%的农民得不到培训、咨询或技术援助服务。鉴于这一差距，非政府组织努力提升社区带头人的技能和能力。如今，这些农民和社区带头人已被纳入农村发展的推广服务中，他们被称为"Yachachiq"（教授他人知识的人，教师）。PRODERM（1986—1991）是最早将农民作为推广员的农村发展项目之一，随后在20世纪90年代和21世纪00年代的其他项目也采用了类似方法。推广员专注于让农民带头人参与知识共享过程，他们认为这是为地方赋权的一个重要因素。事实上，参与此类项目的社区能够共同创建新的推广系统。目前，秘鲁发展和社会包容部（MIDIS）与"Yachachiq"在秘鲁的19个地区的40 000户家庭中实施了Haku Wiñay计划（我的创业农场）。2017年，他们的年度预算为2亿索尔（约合6 000万美元），这是MIDIS中最小的项目（占年度总预算的4%～5%）。它遵循以下原则：

▶ 加强家庭生产体系。

▶ 改善家庭的住房。

▶ 发展包容性农村企业。

▶ 传播金融知识。

资料来源：Patricia Flores，国际有机农业运动联盟

了解更多，请访问：http://intranetfoncodes.gob.pe/haku2016/index.php/blog/yachahiqs

**插文 37　粮食和营养安全及主权领导人士培训学校（哥伦比亚）**

哥伦比亚粮食主权、粮食及营养安全管理学院通过强调三个基本概念"粮食主权、粮食和营养安全"来促进社区赋权。学校鼓励社区群众参与公共食品政策的制定、实施和监测，来激励知识共享和团结民间社会。这一进程开始于一些波哥大附近的城市地区，当地带头人被选中并接受了有关如何识别和解决土地需求，以及如何最有效地利用当地资源开展培训等活动。接受培训的带头人还可以推动当地社区充分参与实现地方政府提出的土地发展计划。每个培训课程都采用参与式方法，重点是边做边学，让参与者在制定自己的政策建议过程中进行学习。

资料来源：Andrea Moya，Claudia Helena Prieto 公共卫生主题公园，综合卫生服务提供网络

# 4. 什么机制适合你？

由于可持续粮食体系在不断变化，并孕育了新的挑战和机遇，因此知识和经验的分享也应该不断进行。如能开展有关粮食体系可持续生产实践的交流，亦可为解决其他挑战提供参考。

①明确你的主要知识需求是什么，然后尝试一些不同的策略。

| | |
|---|---|
| 你是否想发起一项可持续发展倡议，但对可持续发展农业实践又没有太多的了解？ | • 农民互访<br>• 农民田间学校 |
| 你想在农民中培养一种集体意识吗？ | • 农民互访<br>• 民众主导的建议模式 |
| 你是否希望提高体系中各主体间的相互理解？ | 参与式研究和行动研究方法 |
| 你想通过自下而上的集体学习方法来填补知识空白吗？ | 参与式研究和行动研究方法 |
| 你想在你的体系内各主体间传播有关可持续农业实践的知识吗？ | 交互式创新 |
| 你想利用现有机会将可持续农业与提供公共产品联系起来吗？ | 交互式创新 |
| 你想将当地社区纳入粮食体系发展的决策过程吗？ | 民众主导的建议模式 |

②多主体合作是这些方法取得成功的基础。我们建议你找到能够补充你的专业知识，并愿意与你一起踏上新的旅程的主体。不要只考虑本组织的成员，还要邀请当地社区的其他潜在合作伙伴。

请记住：不问，永远不可能知道结果

🌀 **提示22**
**共享共创知识**

对你的做法开展自我评估，以便更好地与他人交流你正在做的事情。

当你知道在有需要的时候怎么获取有关可持续生产的知识，就意味着你成功了一半。

有多种方法可以共同创造知识和学习。搞清楚你为什么要寻找某些信息，并选择正确的机制。

集体研究或实验是一种共同创造知识的方式，并确保所学内容也得以保留。

# 学习之旅，接着读哪一章？

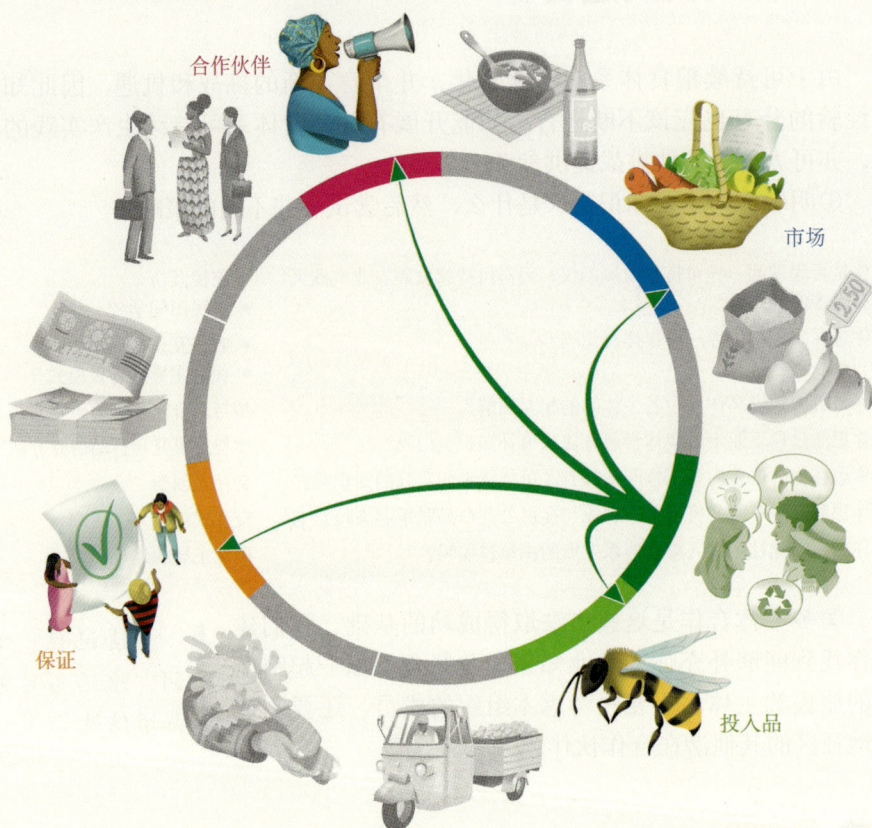

合作伙伴

市场

保证

投入品

你是否找到了一个可以有效合作的伙伴，并希望找到长期的解决方案？试着阅读第11章：引入合作伙伴和支持者。

你是否进行过自我评估，是否考虑过获得认证？请参阅第8章：可持续性的保证。

你有没有在你的轮作中引进一种新的作物并想要出售它？通读第2章：了解你的市场。

你是否需要了解更多有关可持续生产的投入品？继续阅读第5章：管理和获取可持续性投入品。

还是你需要其他信息？读读其他章节……

# 第5章

## 管理和获取可持续性投入品

## 1. 这为什么重要?

可持续粮食体系的可持续性必须体现在所有活动上——从粮食生产到消费，包括用于生产粮食的材料。事实上，当生产者试图确保其投入品（材料和服务）是可持续的时候，他们将会面对一些具体问题，例如：

▶ 许多农村地区无法获得非化工合成的投入品。

▶ 存在假冒伪劣产品，无法追究企业责任。

▶ 价格高、不稳定和不受监管。

▶ 受转基因生物污染的风险。

▶ 邻居田地中使用的产品的剧毒活性和非活性成分。

▶ 优秀的本土技术逐渐失传，特别是种子保存技术。

▶ 在传统市场之外买卖种子和投入品的渠道有限。

▶ 缺乏对病虫害防治的可持续投入和生态解决方案。

▶ 负责对投入品及其可持续利用提供咨询意见的一些推广人员和中介机构缺乏透明度和正直、诚实的品格。

获取与可持续农业相协同的投入品通常很有挑战性，有两个原因：

a.它们必须在农场生产，这就需要投入时间和资源，而你的农场可能没有足够多可用资源。

b.它们必须从别人那里购买或与他们交换，但当地的投入品供应商并不总能够提供可持续选择，当地的交换网络可能也尚未建立。

在可持续生产的规划阶段，必须明确可持续投入品获取和管理的使用权限，应该在你的农业和粮食体系中与其他活动统筹考虑。

## 2. 种植可持续粮食需要什么投入品？

投入品是指生产粮食和其他农产品所需的材料和服务（包括生态系统和社会服务）。

可持续投入品则是生态农业所需的资源和服务，有助于农业生态系统和整个粮食体系的可持续发展。

投入品可以分为六类（表4）。

**表4　投入品类型**

| 投入品类型 | 案　　例 |
| --- | --- |
| 谁需要为生产贡献自己的时间和知识？ | 农民知识和技能、额外劳动力（自家、雇佣、共享等）、兽医服务、泥瓦匠服务、推广服务 |
| 什么需要种植、收集或回收？ | 动物饲料、动物粪便、收集或收获的饲料、药用植物、动物品种、种子、种植材料、间作植物、驱虫植物 |
| 可持续生产需要什么工具？ | 种植工具（如分蘖机、拖拉机、动物牵引器、化肥和粪肥）、收割工具（如筐、网、切割机）、植物保护工具（如防护服、生物杀虫剂）、农场结构建筑材料（如水泥、屋顶、木材） |
| 可获得什么类型的土地？ | 小区地块、租地、自有土地、公有牧区、屋顶、承包地、天然或人工池塘、海岸带 |
| 需要哪些生态及生物服务条件？ | 适当的环境因素（湿度、温度）、本土微生物、土壤动植物、传粉媒介、水、自然循环中的微量和大量养分、能源电力、动物与天然肥料生产系统的整合、土壤通气等 |
| 与其他人就农场的活动进行交流需要什么？ | 认证服务、农场注册服务、通信服务、营销服务 |

## 农场内生产还是农场外生产？

可持续生产所需的投入品可以来自农场本身（农场内）或外部（农场外）。生产你自己的投入品往往是获得生态和生物服务的最具成本效益和可持续的方式。通过在农场或农业生态系统内循环利用养分，你可以减少有时因使用外部投入品而出现的养分流失。

然而，有时候你的农场不会具备所有的营养物质，且缺乏生产所需的技术或劳动力。在全球范围内，外包商业模式正在兴起，它们提供了获取投入品的有趣渠道：专注于直接向农民提供新技术或服务的初创企业，以及社区组织建立新的合作方式共享投入品、技术和劳动力的交换系统。

## 3. 你的投入品的可持续性如何？
## 如何提高这些投入品的可持续性？

正如你可以对可持续性的生产体系进行自我评估一样，对投入品也可以。首先，要关注上面提到所需的各种投入品，从着手耕作到恢复废弃土地，再到将传统体系转变为可持续体系。

在列出上述类别中的所有可能投入品后，接着考虑计划拥有、当前拥有或可能缺少的每一项投入品。一个比较好的做法是考虑每个投入品的可持续性，并将其与理想状态进行比较。最后，记下你将如何做到以更可持续的方式获取投入品。

表5可以作为起始模板。

### 表5 投入品分类模板

| 投入品类别 | 投入品特征 | | 建 议 |
|---|---|---|---|
| 投入品 | 可持续的（理想的） | 不可持续的（不理想的） | 实现可持续发展所需的行动 |
| 种子 | 发芽率高、能储存、能再播种、质量状况理想（味道、颜色、大小）、易获取 | 发芽率低、不可繁殖、无法储存、无法重新播种、质量不理想、成本高、难获取 | 与其他农民合作建立种子交换机制，与当地供应商协商更高质量的种子供应方式，与经过认证的种子分销商建立联系 |
| 化肥 | 将动物和堆肥整合到混合生产系统中，能够充分支持健康的土壤微生物群 | 过度使用购买的人工肥料和不使用动物粪便或堆肥 | 将动物引入生产体系，开始对厨余垃圾和农场垃圾进行堆肥；并与其他农民合作获得肥料，使用时充分考虑微生物平衡 |
| 土地 | 确保现在和将来拥有或使用和更改的权利 | 缺乏对土地合理使用权，具有安全威胁，交通不便，土地的大小或质量并不适宜种植 | 如果擅自占用土地，请设法登记。如果可以的话，购买已出租的土地，或者确保租赁协议至少长达三季。与社区沟通，以便建立安全的系统，确保以可持续的方式耕作或使用公共土地 |
| 现在你试试…… | | | |

# 4. 可能的选择：评估获取投入品不同的方式

一旦知道需要哪些投入品，确定如何在农场可持续地获取这些投入品就至关重要。本节将举例说明获取一系列投入品的创新方法。

尽管一种方法可能在特定情况下行得通，但这并不意味着它可以应用于所有情况。根据我们的经验，许多改善资源和管理投入品的解决方案出发点都是好的，但一旦实施，就会给小农添不少麻烦。主要担心的是评估投入品成本是否会超过潜在的生产收益，或者获取和管理投入品的方式是否符合正常日程安排。在制定采购策略时，仔细考虑每项创新方法的"利弊"。

## 4.1 时间或劳动力

### 4.1.1 共享劳动力而不是为其付费：时间银行

经营一个可持续发展的农场需要团队合作，因此劳动力共享是一项珍贵的资产（插文38）。事实证明，建立能为农场外的农民/学生提供帮助的体系，已被证明有助于经营小型农场。

---

**插文 38　劳动力共享**（印度）

在印度喜马偕尔邦的许多村庄，人们使用一种称为"贾瓦里（Jawari）"的非正式劳务分享系统。它是基于现有人际信任网络的封闭社区自主自运行系统。小农可以打电话给贾瓦里来完成农场内外的任何工作（例如建新牛棚）。反过来，小农需要响应其他小农要求分担劳动力的呼声。在这个社会系统中，没有货币交换，它的运作基于互惠和信任。小农把工人当客人招待，满足他们的食宿需求。

**好处**

+ 当现金流有限时，可以要求额外的劳动力。

**坏处**

- 招待工作人员对个人和对社会来说都有难度。

资料来源：Ashish Gupta，贾维克·哈特信托基金

---

# 4.2　用于生产的材料投入品

## 4.2.1　农场外肥料

当肥料需求超出农场的实地生产能力时，新的商业模式就会出现（插文39）。

### 插文39　从餐厅垃圾中提取的健康肥料（美国科罗拉多州）

Wastefarmers是一家获得B级认证的企业，位于科罗拉多州的阿瓦达市，专门从餐馆、企业和学校收集的废物中制造健康的土壤肥料。这些有机肥料被运送到"微生物啤酒厂"，在那里堆肥，然后卖给农民。微生物啤酒厂和它所在的农场已成为研学基地，每年免费为数千人提供参观服务。他们的员工可以得到带薪的农场工作时间和教育机会。互益性企业是经非营利组织互益实验室（Blab）认证的盈利性公司，在社会和环境绩效、问责制和透明度方面符合严格的标准。

©A. Loconto

**好处：**

+ 鉴于所需的劳动力要求很高，即使有充足的生物质，小农也很难制造和管理大量堆肥。此外，农民买得起、用得上的农具数量有限。能够大量生产有机肥料的公司则是减少城市和工业废物，增加有机堆肥使用。
+ 它为农村和城市地区创造了更多的就业机会。
+ 负责任的企业模式和劳动条件为可持续发展提供了公平的商业模式。

**坏处：**

- 需要大量基础设施投资（例如道路、大型加工厂）来运输废物和化肥。
- 需要与政府合作以获得授权，以便从公共建筑和垃圾填埋场购买或获赠相关废料。

资料来源：https://www.wastefarmers.com

想了解更多，请访问：

https://www.wastefarmers.com，http://www.bcorporation.net/community/waste-farmers

### 4.2.2 农场内能源发电

目前正在涌现一些能将农业废弃物转化为能源的小型新技术（插文40）。

**插文40 米糠发电系统**（印度）

这家小公司的使命是在印度无法持续供电的农村和农场创建一个自我维持的生态系统。它开发了一种包含生物质气化器的发电机，该发电机以未利用的米糠为燃料，能够为多达600个家庭提供电力。该公司的试点工厂在6个月内实现了盈利，为扩建吸引了可靠的投资。

**好处：**

✚ 这是一种回收有机废物的有效模式，可能有助于农村电气化。

**坏处：**

— 机器成本高，在农村农场实施可能很复杂。

资料来源：www.huskpowersystems.com/innerPage.php?pageT=Communitypercent20Impact&page_id=81

### 4.2.3　种子交换

在许多国家，正式认证的种子分配系统占主导地位，因为它们始终提供有关种子质量和使用的信息。然而，许多有助于传统（和多样化）饮食的品种、能抵抗某些害虫或干旱的品种，或者是在农场保存的品种并不包含在这些系统中。世界各地都在使用传统形式的种子交换和创新的种子银行技术（插文41、插文42）。

**插文41　种子母亲**（印度）

印度奥里萨邦发起了一项倡议，以应对当地小农社区所经历的传统种子包（包括使用经过认证种子、化肥和杀虫剂、小型灌溉泵、收割机器和农具等）产生的不可持续影响。一群被称为"种子母亲"的部落妇女是种子鉴定、收集和繁殖方面的专家。她们的系统性工作包括绘制村庄小农场的生物多样性图谱，确定适合每个农场的种子，确保作物的生物多样性，遵循纯系育种程序培育种子并与其他农民分享。乘法模型要求各个家庭种植13个到467个种子品种，包括小米、豆类、蔬菜、水稻和块茎，所有这些品种都由该小组鉴定和保存。种子母亲定期组织种子交换和分配交易会，向农民提供关于种子选择、储存方法和作物管理方面的建议。种子母亲对待种子就像对待自己的孩子一样。最后，共有5 321户家庭扩充了自己的后院花园，每年生产6至11个月的食物。该项目挑战了传统农业的既定模式，并鼓励新的、有机的、参与式的育种技术。

**好处：**

+ 品种的多样性增加了农业生态体系的生物多样性和韧性。
+ 交换种子而非购买种子，可以降低农民的投入品成本。
+ 栽培的种子和作物品种增加了全年粮食收获的可能性，对粮食安全具有积极作用。

**坏处：**

− 社区种子库和交换系统必须对种子质量保持高度警惕。对于每个社区来说，有一个了解并能够保持种子质量的人是很重要的。

资料来源：农村建设与综合社会服务活动组织（ORRISSA）
想知道更多，请访问：http://www.fao.org/3/a-bl924e.pdf

### 提示23
### 建立自己的种子银行

查看这本指导手册：
www.fao.org/fileadmin/user_upload/fao_ilo/pdf/
Other_docs/FAO/Community_Seed_Banks.pdf

**Community seed banks**
Junior Farmer Field and Life School – Facilitator's guide

---

### 插文42　M Farm（肯尼亚）

打造可持续农业的一个关键是进入周边市场，获取库存、种子和农业理念。M Farm是一家初创企业，旨在通过向小规模农户提供实时价格信息，将他们与周围的市场连接起来。其智能手机应用程序（"App"）提供以下市场区域的农作物价格信息：内罗毕、基苏木、埃尔多雷特和基塔莱。该应用程序还允许农民使用M-Pesa(肯尼亚基于手机的汇款系统）购买种子。

**好处：**

+ 移动农场能帮助农民更高效地买卖农作物，让他们的农业实践在长期内更具可持续性。此外，智能手机App提供了一种有价值的通信工具。

**坏处：**

- 由于这家初创公司相对较新，因此可以维持多久还有待观察。目前有许多类似M Farm的应用程序，很难在不增加投入成本的情况下衡量它们对小农日常生活的影响。虽然这些创新是积极的，但筛选那些不再增加小农投入品成本的创新才最重要。
- 必须使用智能手机和互联网。这款应用与M-Pesa绑定，所以你必须已经注册了这项服务。

资料来源：M Farm网站：https://www.mfarm.co.ke
想知道更多，请访问：https://www.mfarm.co.ke

## 4.3　工具和机器

如果生产和加工的各个环节都靠人工完成，就很难持续下去。大量工具和农业机械促成了生产的工业化。通常，小农面临的问题与获取合适工具的难度有关。为了更好地获得生产工具，以下建议可能会有所帮助：

▶ 创建由所有成员共享的社区管理工具和机器，以降低生产成本。

▶ 培训当地工匠，修理或改进设备以适应环境。

▶ 创建由所有成员共享的社区管理工具和机器，以降低生产成本。

▶ 创建一个当地设备租赁商店，可以出租小型机械或其他工具。

▶ 创建可以雇用耕地、除草、调查或收割的农场服务初创公司。

### 4.3.1　畜力拉引

如果你的土地主要位于半干旱半湿润地区和高地，那么采用或引入蓄力拉引方式可能是一项值得的投资。然而，由于农业机械化发展以及采用蓄力牵引而需关注的动物健康、训练程度及配备相宜的农机工具，蓄力牵引方式就变得不那么理想了（插文43）。但引入畜力拉引还是有一些好处，如下所述：

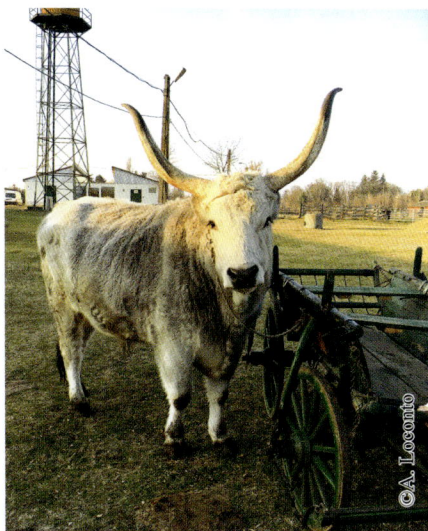

▶ 使用得当，它可以提高生产率。

▶ 这是一种低成本、对环境安全的技术。

▶ 可以在当地购买。

▶ 它不需要大改农业系统。

▶ 对小农户非常有效。

▶ 动物产生的粪便是给田间土壤施肥的好方法。

**插文43　Anicytor，农具的绿色能源助推器**（埃塞俄比亚）

传统工具并不能缩小农民的技术知识差距——所有农民都有技术需求。气候变化具有全球影响，由于传统农具的不当使用和农田扩张，整个景观正在被破坏。为解决上述问题，将动物"拉动"转变为动物"蹬踏"，为发展中国家提供了一种非常有效的基于绿色能源的劳动密集型技术。动物的腿很强壮：前腿由惯性和体重比驱动，而后腿更高、更壮实，能够产生所需的力量。随着动物的行走和脚步，这种势能将转化为动能。因此，通过将杠杆和齿轮连接到动物的腿上，往复运动/动能将转变为完整（360度）旋转。这意味着该机械发动机可以驱动车轮和其他安装在农具上的工具，因此学名为"Anicytor"：动物自行车/踏板拖拉机。这项创新适用于任何四足动物和人类。它的大小/高度可根据动物的具体大小和用途而调整。

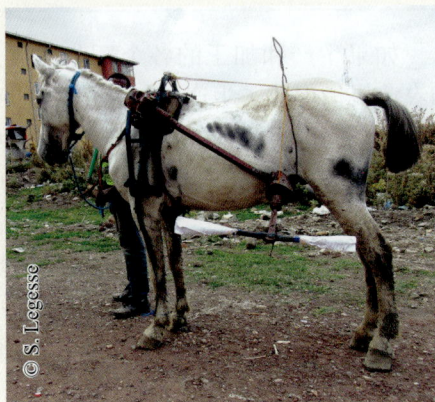
© S. Legesse

**好处：**

+ 鉴于不消耗燃料，并且可以由当地可用的材料组成，它可以大大减少浪费和污染。它可用于街道清洁。
+ 它可以用当地可用的材料制成，以替代进口拖拉机。
+ 由于发展中国家的大多数农民都有技术需求，他们是这种新农业技术的目标用户。
+ 对于农村青年来说，让务农变得有趣和容易，就能创造就业机会，并在其各种零配件的制造、装配、批发、零售以及提供服务时使用该工具。

**坏处：**

- 需要确保动物在使用时受到人道对待。

资料来源：Sitotaw Legesse and Yeshi共享耕种收益工程，埃塞俄比亚
了解更多，请访问：https://agriprofocus.com/profile/sitotaw.legesse.22606

## 4.3.2　面向小农的手持工具

手工劳动仍然是小农最主要的种植方式。伴随着时代进步，研发出的农业工具和仪器越来越能够减轻人类的劳动负担，对从事农业种植的妇女更是如此。例如，在稻田种植中，移栽和除草是种植的重要步骤。妇女在这两个步骤中都经历了巨大的困难。在山区，土地呈梯田状，耕地面积不统一，挑战更加突出。因此，最重要的是，需要设计出符合人体工学设计、利于高效产出且

方便携带的工具，当然，这样的工具售价还必须让小农户能够负担得起（插文44）。

### 插文44　Agrovision为小农和边缘农民提供手持工具（印度）

印度东部的一家公司为小农户和边缘农民生产专用工具。尽管全国各地有许多当地的铁匠和工具设计师，但只有少数人使用创新的手工工具。该公司免费提供工具和设计，还鼓励当地工匠根据当地条件改造工具，使其能够被更多人免费使用。经常发生的情况是，为重粘土土壤条件设计的工具不适合砂土，因此设计时必须考虑当地的耕作环境。该公司生产的最受欢迎的工具是与水稻种植相关的工具，如稻田除草机，通常是农民在应用某些技术时使用的，例如水稻集约化系统。此外，各种播种机、旱地除草机、单轮手推锄及配件等工具也常被使用。这些工具效率高又实惠，还可以根据当地需求进行定制。

©R. Srivastava

**好处：**

+ 这些工具都是能够公开使用的，且适应性强。
+ 重量轻，女性使用起来更方便。
+ 它们能以相对较低的成本实现生产机械化。

**坏处：**

- 它们仍然是手工工具，这意味着需要一些劳动力。

资料来源：Ashish Gupta，贾维克·哈特信托基金

### 提示24
### 获得可持续的工具和机器

▶ 自己尝试一下这项技术，然后提出一个可行的选择。
▶ 启动一个参与式过程，让社区成员提出解决方案。

▶ 从市场上购买工具，尽管这可能会增加与质量、可用性和成本相关的风险。

▶ 寻找能够适应不断变化的气候条件和能够提高收益的技术。

## 4.4 加强生态系统和生物服务

### 4.4.1 生物炭有助于土壤有机质的积累

尽管这是一个缓慢的过程，但在土壤中添加生物炭可以增加其有机质，从而使土壤更肥沃，更能抵御气候变化（插文45）。

**插文45　Wanakaset网络**（泰国）

Wanakaset网络成员P. Yai从草药和水果中提取精油。Wanakaset成员从事农林业，因此他们有大量的树枝。P. Yai使用了一个生物质炉，它能有效地将生物质转化为热量，在收集精油所需的几个小时内使蒸馏罐沸腾，从而产生很少的烟雾。

GreenNet加工有机腰果的方法是先蒸熟（开壳），后烘干。这些外壳被用来为生物质烤箱提供燃料，这个过程产生热量和蒸汽，从而大大减少对天然气或电力的需求并提升使用效果。因而一些现代碾米厂正是利用稻壳发电。这些谷壳会变成稻壳炭/灰，从而用作很好的土壤改良剂（像生物炭），或者卖给电脑芯片制造商，因为它含有高质量的硅。

**好处：**

+ 可靠地利用废物。
+ 一种将养分循环回生态系统的有效方法。
+ 易于被农民使用，是农场系统中的好设备。

**坏处：**

− 由于成本和维护条件，小农可能无法使用更大、更高效的生物炭炉。然而，许多小农户成功地生产和使用了不同形式的生物炭。在东南亚，普通家用装置生产木炭（用作燃料）、木醋（用作生物杀虫剂）以及用于堆肥和土壤盆栽的生物炭（小块）。

资料来源：Michael Commons，GreenNet

### 4.4.2　综合虫害管理服务

控制害虫、杂草和干旱等作物的外部威胁是一项重大挑战。然而，为了避免使用杀虫剂和除草剂，一个"以自然之道还治自然之身"的综合系统可能是一个可行的解决方案（插文46）。

**插文46　Dudutech**（肯尼亚）

Dudutech是一家为农民提供有益昆虫/真菌的公司，这些产品可以减少他们使用杀虫剂和农药对作物产生的不可持续后果。他们通常都是独立封装，包装里面中含有某些活体生物（如有益的真菌、昆虫、细菌），因而它们能够以一种对植物和昆虫/真菌有利的方式，对抗有害的外部威胁。比较典型的一个案例是可以抗干旱的菌根制品，这是一种与植物形成共生关系的真菌，可用水和肥料交换植物汁液和糖分。这样菌根不仅增大了植物的有效根体积，还减少了它的压力，且使它可以在干旱的时候继续生长。除此之外，Dudutech公司还可以提供超过17种不同的生物控制剂，并为肯尼亚和南非的农民提供生物控制包。

**好处：**

✚ 该公司为肯尼亚农村地区的100多名熟练员工提供就业机会。

✚ 运用聘请病虫害综合防治（IPM）专家为农场服务的能力为农民提供了他们可能尚未掌握的病虫害综合治理知识。

✚ 该公司的网站非常有帮助，它会针对特定问题使用哪个产品包提出建议。例如，对于白粉病的案例，该网站建议农民使用"TRICHOTECH"，这是Dudutech分发的一种用于抗击白粉病的产品。这类综合作物管理方案采用的是一种整体方法，可能在长期内取得成功。

**坏处：**

➖ 这些产品对小规模农民来说可能负担不起，大多数客户都是大型土地所有者。

➖ 无法控制由实验室出售或工厂培育的微生物质量。从长远来看，微生物浓度往往只有较短的保质期，其功效则随时间不断递减。此外，生产商保证的浓度并不考虑当地的土壤条件、湿度和农民的施用方法。因此，在大多数情况下，鉴于产品是基于平均估值使用的，其实际影响难以衡量。

资料来源：Allison Loconto，法国国家农业食品与环境研究院
了解更多，请访问：http://www.dudutech.com

### 4.4.3 水循环管理服务

随着气候变化的影响，水循环管理变得更具挑战性。在世界许多地区，大规模灌溉通常是不可行的，因此农民选择了替代的创新解决方案来回收水，并将其自然循环重新用于农业用途（插文47）。

> **插文47 水资源管理的两个案例**（津巴布韦、印度、坦桑尼亚）
>
> **（1）菲里坑（津巴布韦）**
>
> 在干旱易发地区，一种传统做法是用石头建造地下坑，既能过滤雨水，又能增加土壤的保留能力。20世纪60年代，一位名叫菲里的先生首先使用这个系统。他在自己的农场上实践了这个系统，并在农场的不同地点设置了一系列坑，结果形成了长期的干旱恢复能力。
>
> 了解更多，请访问：https://youtu.be/cXLD0akTmrI，https://youtu.be/ieqYZaT0JwA
>
> **（2）重力泵（印度和坦桑尼亚）**
>
> 受重力引导的水自然向下坡流，因此高地和山区也可能出现缺水问题。在印度，小型技术工程师开始通过在山脚下的溪流中放置一个泵来利用重力。落水的力量与足够坚固的泵机构发生碰撞，通过一根到达农场的管道将水推回山上。这项技术也在坦桑尼亚高地得到了积极应用。
>
> **好处：**
>
> + 这种雨水收集技术可以帮助农民建立成本低、规模小的灌溉系统。
> + 液压柱塞泵的设计（最知名的重力泵）可以很容易地在互联网上找到。
>
> **坏处：**
>
> - 重力泵需要瀑布和水流，这意味着它们在平坦地区或漫长的干旱季节不能很好地工作。
> - 菲里坑需要定期维护，不可能一次建完就把它们抛之脑后，掉进去的新土需要铲掉。

### 4.4.4 授粉——支持投入品

在全球农业生产中，传粉媒介为生态系统提供基本服务。蜜蜂、鸟类、蝴蝶和蝙蝠等授粉物种与植物物种之间的复杂相互作用，是维持可持续农场的宝贵循环。农民应随时了解授粉系统，并为其特定作物和农业生态系统获取授粉媒介（插文48）。例如，咖啡豆的主要传粉者是蜜蜂。

#### 插文48 助力自然传粉循环（马来西亚）

参与传粉媒介交易可能会促进和维持农场的自然授粉周期。它包括将生活物质运输到通常不存在的生态系统中。反过来，这将有助于建立一个可以"免费"增加农田作物产量的授粉系统。例如，象鼻虫是一种负责为油棕授粉的特殊甲虫，它被引入非洲和马来西亚，那里的油棕是主要作物。在引进它之前，授粉是人工进行的，从那以后，作物产量显著增加。

**好处：**

+ 授粉服务是确保作物生产的重要"农业投入品"。提高传粉者的密度和多样性可以直接提高作物产量。

**坏处：**

— 新物种的引入总会带来风险，这些物种可能会侵入并破坏生态系统的稳定。引入新的昆虫（即使它们是有益的）需要特别小心和关注。因此，应该首先寻找可能发挥相同作用的当地物种。

了解更多，请访问：http://www.fao.org/pollination/en

## 5. 你怎样管理你的投入品？

一旦你了解了你的投入品需求和新兴技术的范围，就应该思考能否真正应用于实践。具体包括如何获取有用信息？如何管理它们的使用？还有什么别的选择？

**对照清单**

**回答以下诊断性问题将帮助你识别哪些实践可以持续，哪些不可以持续。**

①你如何管理你的土地？

a.你是否了解任何付款、土地所有权或联系人的最新信息？

b.你是否必须与其他任何人合作或谈判，以确保你的土地使用是可持续的？

②你如何管理水资源？

a.你是否有天然资源，还是必须购买？

b.你是否必须与其他人合作或协商，以确保你的水资源管理计划是可持续的？

③你如何管理你的营养循环？

a.你使用的是合成肥料还是生物肥料？

b.你是购买、自己制作还是与其他农民交易？

④你如何管理病虫害？

a.你是否使用合成或生物植物保护产品？

b.你是购买、自己制作还是与其他农民交易？

⑤你如何管理农场劳动力？

a.你是自己干，家人干，还是雇用其他人？

b.你会给家人支付劳动报酬吗？

c.如果你雇佣工人，你是自己招募还是请别人帮忙？

d.你是否会给你的员工公平的报酬？

⑥你如何管理你的技术和机器？

a.你是在农场构建自己的技术/机器，还是从外部获取它们？

b.你是否购买、出租或分享你的技术？

c.你如何维护你的机器？

一旦你思考了这些问题，试着填写以下表格（表6），以确定为什么要从特定的人/地方获取信息。

表6　投入品资料来源矩阵

| 投入品名称 | 从哪里可以获取这些投入品 | 本地百分比是多少？ | 收到的福利 | 面临的挑战 | 可持续的替代品 |
|---|---|---|---|---|---|
| 尿素 | 投入品供应商 | 100% | 便宜，易获取 | 硝酸盐渗入水源，土壤质量下降 | 首先通过施用牲畜粪便开始减少外部投入品的使用，然后测试是否需要额外的营养。如果你没有农场，请查看你所在地区是否有畜禽养殖场 |
| 现在你试试…… | | | | | |

**提示25**
**管理和获取可持续的投入品**

- ▶ 可持续农业的投入品不仅仅是对系统的物质补充；它们还包括确保生产的土地、生态系统和服务。
- ▶ 最可持续的选择是保持农场内的所有自然循环。如果行不通，请尝试开展交易来降低投入品成本。
- ▶ 有许多适合可持续生产的适当技术；开源有助于鼓励实验和创新。
- ▶ 创新的商业模式可以确保可持续体系中时间和劳动力这些基本投入品是公平和可持续的。

©A. Loconto

# 学习之旅，接着读哪一章？

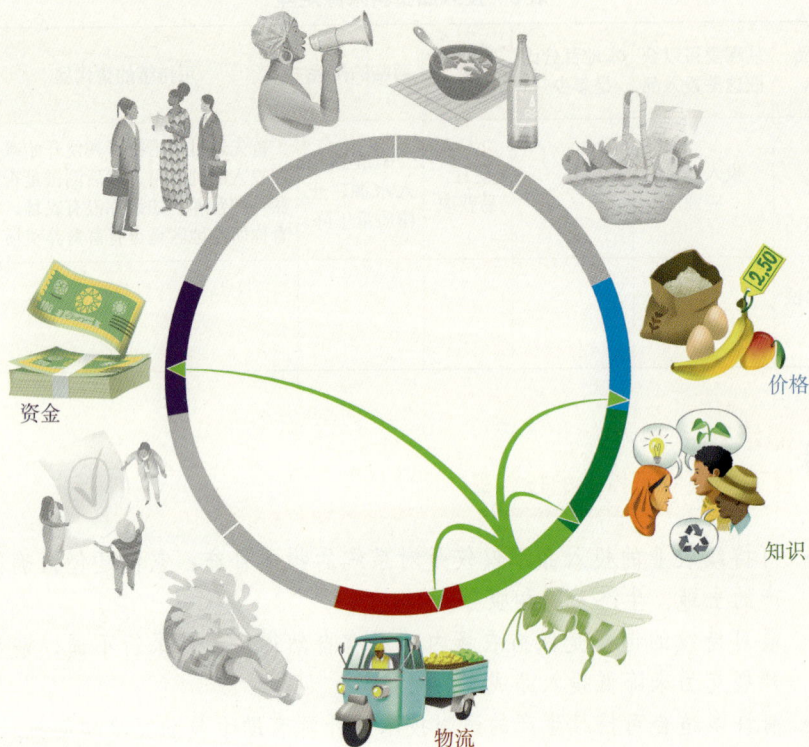

- 你是否认为知识作为投入品被排除在讨论之外？别担心，请看第4章：知识共享共创　促进可持续生产。

- 如果你无法在农场生产所有投入品，则可能不得不购买。你需要有关创新资金机制的一些想法吗？转至第9章：创新性资金。

- 你想尝试将农场外的有机废物回收成沼气或堆肥吗？阅读第6章：物流助力互联互通。

- 你生产的材料投入品是否用不完，想卖给其他农民？第3章：确定"合理"价格可能会提供一些有用的见解……

或者访问别的章节……由你决定！

# 第三篇
# 产品入市

在这组章节中，我们探讨了如何通过这些中间活动来确保可持续生产的食品到达消费者手中。

我们专注于物流、包装和担保；这些都为可持续产品增加了价值，但它们本身也应该是可持续的。

如果这些是你需要的一些元素，请尝试从这里开始你的冒险。

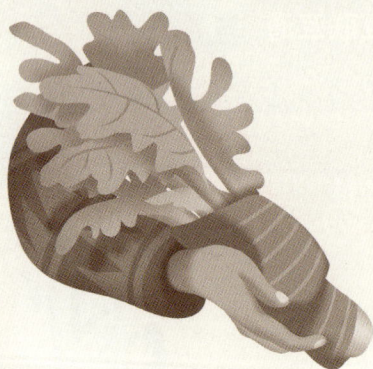

## 第6章

# 物流助力互联互通

## 1. 这为什么重要？

在约定时间内把生产的优质产品交给客户（消费者或加工商），对建立稳定、可持续市场关系至关重要。

可持续农业副产品将被加工成为二次增值产品，其管理要求和标准相同。

生产废料应被妥善处理。有机废料可以在堆肥后作为肥料供农场使用，或者作为能源（沼气）使用。对于非有机废料（例如玻璃瓶），应该尽可能地重复使用，或是在当地有回收设施的情况下进行回收利用。

保持结构良好的物流，对于追求持续供应的买家和分销商意义重大。不仅如此，在可持续生产中减少物流环节能降低成本、提高附加值和促进整体可持续性，这对供应商同样有利。

但是，物流管理并不容易，把握时机是根本！主要挑战包括：定义物流需求，并将所需成本压缩至最低。这意味着什么？

下面的公式可帮助确定与物流有关的事项：

| 产品规格<br>（数量、质量） | **+** | 运输难度（距离、运费、运输条件） | **+** | 买方需求<br>（数量、时效、位置） | **➡** | 物流需求 |

©A. Loconto

根据你需要运送的产品来确定：

| 产品 | 和你交易的客户 | 买方的需求是 |
|---|---|---|
| ①是否易变质？ | ①距离多远？ | ①产品的数量和质量合格吗？ |
| ②被供应给个人消费者还是批发商？ | ②提供运输服务吗，还是需要你来安排运输？ | ②买方何时需要这批产品？时间可以更改吗？ |
| | ③运输的环境怎么样？比如需要冷藏运输或是进行特殊包装吗？ | ③可以通过常规交通方式到达他们的位置吗？ |

如果你可以回答以上问题，那么你已经准备好制定一个简单的物流方案了。

# 2. 如何开始制定物流计划？

商业物流涵盖从生产（或加工）到销售的整个产品周期。因此，采购、库存、储存方式、运输方式等都需要考虑。物流计划还应考虑副产品的循环流程和废料的回收流程，以实现可持续发展。

谨记：难以执行的计划不是好计划！

具体操作取决于当地具体情况、人力资源（例如文化习俗、掌握技能和人力成本）以及商业和法律环境。因此，没有能够适配所有情况的计划，应该定期优化和修订具体计划。

请先根据你的产品逐步填写下表，开始制定物流计划。

| 步 骤 | 水 稻 | 蔬 菜 | 我的产品（请填写） |
|---|---|---|---|
| a.从涵盖所有工作步骤、涉及人员和主要任务的生产/操作流程图开始。 | 水稻种植与收获→从稻田收集稻谷→稻谷贮藏→碾磨加工→打包包装→运输给消费者 | 蔬菜种植与收获→统一收集→贮藏→清洗和修剪→打包包装→运输给消费者 | |
| b.填写每个步骤所需的人工、空间、时间、设备和单位成本。 | • 由私人承包商进行碾磨加工，碾磨稻谷5吨起，能产出约3.5吨大米。<br>• 卡车承载上限为1吨（由当地法规规定）。<br>• 卡车运输费用每次200美元。<br>• 在办公室进行大米打包包装，空间内可储存约2吨大米。 | • 在周四下午接收100千克蔬菜。<br>• 需要10个人进行修剪和包装，每小时费用2美元。<br>• 修剪和包装共需要4小时。<br>• 需要2小时运输给消费者。<br>• 消费者希望在17：00在城市中购买蔬菜。 | |
| c.确定物流计划可行，问自己："各个步骤之间可以相互适配吗？" | • 其中一辆运输卡车只有半满，这样会增加成本。<br>• 没有足够的空间储存大米。 | • 不能在周四按时交付蔬菜。 | |

（续）

| 步　骤 | 水　稻 | 蔬　菜 | 我的产品（请填写） |
|---|---|---|---|
| d.考虑其他方案和其带来的新影响，确认新物流计划的可行性。 | • 方案1：与碾磨加工厂协商，将最低稻谷加工量减少到2.8吨（1.9吨大米），但加工成本会更高。<br>• 方案2：在办公室附近找到其他存储空间存放1.9吨大米，但需要支付新场地的租金和两次装车带来的人工成本，将稻谷碾磨量增加到5.6吨（产出3.9吨大米） | • 方案1：要求农民在周四上午10:00之前交货，农民须在05:00前开始收割。<br>• 方案2：增加聘请工人数，20位工人能减少一半的修剪和包装时间，但人力成本会增加。<br>• 方案3：要求农民在周三晚上收割和交货，但蔬菜需要冷藏过夜。 | |
| e.任何步骤都有可能会出现差错。因此，你需要考虑误差范围、安全系数和应急预案。 | • 应准备比计划存储空间大10%的空间来应对突发状况。 | • 应向农民订购比实际需要多5%~10%的蔬菜。 | |

　　人们通常认为产品主导物流，但某些情况下，物流（主要是成本和与消费市场的距离）主导产品。在制定物流计划时就应该考虑到这一点。

# 3. 谁在管理物流？

　　一些农民会在农场直接设立一个摊位来销售农产品。在某些销售模式中，特别是售卖水果时，消费者会受邀到农场以较低的价格采摘农产品。然而在大多数情况下，农民需要将农产品运输到另一个地点，例如农夫市集、酒店、餐厅、学校、超市配送中心、社区支持农业提货点、消费者家中或是仓库（插文49）来向全国或海外运输。

　　整个过程都离不开物流和透明中介，虽然在无组织的供应链中偶尔也有不道德的中介，但从收集农产品、运输到交付给市场，透明中介在各个环节中都发挥着重要作用。中介服务不仅包括营运费用（运输、储存、重新包装），还要承担潜在风险（丢失、损坏、未能售出）。农民如果选用中介，其农产品的出售价格可能会较低。然而，较低的价格中通常也并不包括运输、储存或风险损失等物流成本。

　　另一种方案是通过提升技能，实现物流自动化管理（即让其成为透明中介），但这不是容易办到的最佳方案。小批量农产品用自家卡车运输可能比通过物流公司运输产品成本更高。大宗买家和相关消费群体可能有直接从农场提货的设备和能力，与这些买家合作可以节省农民的运输成本。只要农民能够满足买家的需求，稳定生产出保质保量的农产品和特色生态农产品，他们在谈判价格时就能掌握主动权，确保农产品卖价公道。

---

**插文49　中庸之道，化劣势为优势**（老挝）

Xaobaan 位于老挝万象，是一家的生产高品质的天然酸奶和乳制品的小型社会参与型企业。为了融合更多的边缘化群体，经理 Nongnut Foppes Ayamuang 女士聘用聋哑人管理日常的物流，用摩托车将产品运送到不同的配送点。当在嘈杂的工作环境中，他们有限的听力和手语交流能力是一种优势。手机短信使聋哑人能够轻松与不会手语的人交流，聋哑这种工作障碍反而成了有利于运营的战略。

资料来源：Michael Commons，地球网络基金会

---

# 4. 物流相关事项

## 4.1　储存

管理物流的基本原理是"工作少，麻烦少"。因此，制定全程不需要储存环节的物流计划似乎是明智之选。

然而，对于投入品（种子、幼苗、有机肥）、原材料（稻谷）、半成品（经过碾磨但未包装的大米）和最终成品（包装完毕准备售卖的大米），储存环节必不可少。社区有时会设有公共仓库，不过仓库通常由中介或生产者负责管理，还需注意当地有无可用仓库。

以下是储存涉及的相关因素：

▶ **数量**。除了足够的存储空间外，一些原材料和半成品在存储时可能会因生虫、干燥和变质而减少。在选择储存条件时应该考虑这些因素以尽可能减少损失。

▶ **质量**。不同的产品需要不同的储存条件。例如，某些蔬菜需要特定的温度和湿度，而咖啡、茶等产品会吸收周围环境的异味。良好的存储管理需要考虑到各个产品的特性。

▶ **库存**。以下是库存相关的一些因素，例如：

● "先进先出"规则。

- 谁有权从仓库中取走产品？
- 谁来盘点库存？产品库存经常要么完全被忽略，要么被过度管理，需要把握适合的管理强度。

▶ **成本**。为了可持续发展，企业需要通过提高效率、提升效果来降低成本。储存成本中包含很多小项。以下是一些储存成本的示例：

- 初始投资成本，比如购买和建造储存设施。
- 折旧成本（出于会计核算的目的）。
- 维护成本，比如屋顶、墙壁和机器维修。
- 电费和其他便利设施，比如冷藏库需要一年365天全天候制冷。
- 定期清洁费用。
- 虫害防治服务。
- 置物板或架子。
- 装卸货工人。
- 库存管理人员。

## 4.2 小规模手工加工

在物流管理中，"加工多意味着麻烦少"的原则并不适用。

新鲜农产品的运输不同于经过半加工或是完全加工的产品。在农场或当地农产品收集点对原产品进行适当加工，可以一定程度上延长产品保质期，方便运输至更远的距离。类似的加工也可以为生产者提高利润（插文50）。如果在前期有大量资金投入，就可以购买现代工业设备加工产品。但如果缺乏资金，只要工艺符合卫生和食品安全标准，也可以使用传统的手工加工方法。同时，手工加工也是良好的营销手段，"手工制作"和"传统"概念被一部分消费者特别青睐。

**插文50 在Songhai中心加工米饭**（贝宁）

贝宁的Songhai中心是青年培训和生产中心，是创新型加工网络的枢纽和良好代表。波多诺伏的一个中心拥有现代化的加工设备，可以用于灌装瓶装矿泉水和果汁，并生产和包装爆米花、饼干等美味小吃。中心还有面包房用来烤制面包和糕点，以及一个加工肉类的熏肉车间，还有磨坊用来加工大豆油和碾米。

该中心的加工原材料来自中心自有的农场和鱼塘，以及位于不同生态区的五个附属社区。每个附属社区同时也是一个小的培训中心，可以加工自产的农产品，或是加工之前培训过的学员农场中的农产品。农民们把产品统一带到区域中心，加工芒果干和芒果汁等产品。磨坊的谷物残渣混合其他原料后被制作成牲畜饲料。由这些中心手工生产的一部分果汁和零食被直接在农场摆摊出售。

　　Songhai中心的机械部门设立了技术人员培训项目。技术人员开发了适应当地需求的各种机器和产品，例如大米、棕榈油、果汁、棕榈仁油、木薯粉团、动物饲料等。有些机器低价出售给农民，用于提高农民生产力和促进初级加工业发展。在大米加工方面，Songhai可以先用自有卡车将附属社区原材料运送至中心枢纽，再运输被加工后的产品。举个例子，产品先是从附属社区运送稻谷到波多诺伏，然后经过蒸饭、晒干、包装等步骤，最后使用标准的内销或出口袋子打包包装。加工半熟米饭比较容易，并不需要用到现代化的机械，而且由于食用前需要再次加工的时间较短，比较受市场欢迎，市场售价相当高。

资料来源：Allison Loconto，法国国家农业食品与环境研究院，
Emmanuel Simbua，贝宁Songhai中心
http://www.songhai.org/index.php/en/home-en/16-songhai/191-biotransformation-en

©A. Loconto

## 4.3　运输和配送

与储存一样，物流管理的另一条基本原则是："运输少意味着麻烦少"。

影响运输的因素与其他的环节大致相同。因为运输更像是临时储存，所以除了储存有关因素外，还要额外考虑卡车、司机和交通因素。

对于起步阶段的企业来说，最好的方法是使用专门的配送和运输服务。这种运输方法不需要前期投资，小批量的运输花费也通常较低。但是，一旦需要运输的产品数量增加，就要采用更加可持续的运输方式。

当在整个产品生产周期和整个粮食体系中考虑可持续性时，应优先选择需要较少化石能源的配送方式，按照优先顺序，可依次选择自行车、火车、轮船、电动或混合动力汽车或卡车。应该尽可能多地使用拼车送货，最大限度利用空间，减少运送次数（例如共享卡车货舱）。当然，具体的运输方式还是要依照最终市场位置确定（表7）。当拼车方法不可行时，我们就应用自己的运输方式作为补充（插文51）。这样的情况下，核定交通成本和碳足迹则对企业非常重要。

**表7　不同配送系统的区别**

| 运输系统 | 示　例 | 好　处 | 难　点 |
|---|---|---|---|
| 农民　消费者 | 自由农夫市集 | ▶ 消费者和生产者直接沟通<br>▶ 不需要中介<br>▶ 更多的产品数量和可供选择的品种<br>▶ 有可能会提供储存服务 | ▶ 不能保证生产者带来的产品能被卖掉<br>▶ 成本更高，生产者和消费者都需要自己负责运输产品 |
| 农民　消费者 | 合作商店；<br>农民商店；<br>社区支持农业配送；<br>食品组合包；<br>集体采购团；<br>盒子计划 | ▶ 农民主导价格<br>▶ 当地生产者可以固定常客<br>▶ 更多的产品数量和可供选择的品种<br>▶ 集中运输产品为农民减少运输到收集点的花费<br>▶ 通过管理寄送给消费者的环节可以减少运输成本<br>▶ 有可能会提供储存服务 | ▶ 这种模式中需要尽可能减少储存时间<br>▶ 由于天气和消费者客流量的变化，管理比较困难<br>▶ 由于生产的季节性，比较难稳定地向消费者供货<br>▶ 在特殊时间段里，消费者可能非常少（例如暑假） |
| 农民　消费者 | 农场现场销售；<br>农民参与的社区支持农业 | ▶ 可以由农民主导<br>▶ 由当地的消费者购买<br>▶ 没有运输费用 | ▶ 不定期的季节性供应很难满足消费者的需要 |

资料来源：M.Vicovaro，联合国粮农组织和作者

## 插文51　EcoVida分布式运输系统（巴西）

EcoVida是由4 500个家庭组成的销售网络，在巴西南部的四个州销售生态农业产品。EcoVida农产品的分销网络跨越1 600多千米。农民们每周都会把农产品带到枢纽中心（由农民管理），再由每个中心的经理通过WhatsApp向其他经理发送消息，告知本中心当前拥有产品数量和收到订单的情况。例如，本中心有10千克橙子和20千克佛手柑，需要5千克香蕉、1千克腰果和10千克大米。另一个中心可能有15千克大米和10千克腰果，但需要5千克橙子、佛手柑和香蕉。

订单链就此成立，卡车首先在1号中心取橙子，在2号中心放下橙子，取走大米和香蕉，然后在3号中心取走或放下其他货物。当卡车回到1号中心的同时，1号中心需要的货品（香蕉、坚果和大米）同时也被送了回来。

所有运送的卡车都由Ecovida的农民成员所有，没有外部的分销商参与管理运输。每周交易的产品会重新商定价格，其中包括了固定的运输成本。短途运输成本为每千克0.3巴西币，长途运输成本为每千克0.6巴西币（如从库里蒂巴到圣保罗）。

资料来源：José Antonio da Silva Marfil，巴西Ecovida生态农业网络

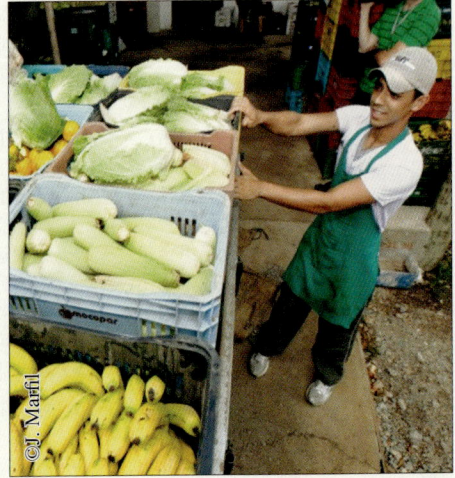

## 4.4　将损失和浪费转化为副产品和加工原料

良好的设计和创造性的管理可以将副产品转化为高价值的产品，从而避免潜在的浪费。对于副产品管理，最重要的建议是"不停创新"。

与主产品类似，增加副产品的价值和回报需要用到创新方法。副产品可以被用于创新型的包装，也可以被加工成全新的产品，又或者简单地售往其他市场。我们需要了解并在市场中找到副产品的位置。由于副产品比较多样，可能需要与农民、加工商、中间商和消费者进行更多的沟通。

为了提升环境的可持续性，首先需要减少浪费，并回收不可还原的废料。有机废料可以被用于制作农场化肥，也可以作为生产沼气能源的原材料（插文52）。玻璃瓶等非有机废料可重复使用，或被回收用于装新产品。

**提示26**
**有效管理废料**

①**良好的生产工艺、加工设计和控制可以减少浪费**。找到浪费最多的环节，寻求替代方案，可能有助于减少浪费。有时，改善计划需要系统性地改变设备，而有些时候仅需要改变做法。在实施下阶段的高成本方案前，先实施简单的低成本替代方案，并检查低成本替代方案的实际效果。

②**通过动物循环利用有机废料**。许多有机废料可以作为鸡、羊、猪、鱼或是蚯蚓（蚯蚓堆肥）的饲料和原料。有些不能被动物食用的有机废料可以用作基质种植蘑菇。

③**通过堆肥利用有机废料**。通过露天堆肥或沼气池堆肥都能够有效利用废料。将肥料用于农作物生产可以帮助实现农场养分的循环。肥料也可以在城市中进行售卖，这也是很好的业务推广机会。

④**利用公共回收服务处理不可用于堆肥的材料（纸、玻璃瓶、塑料袋等）**。投资塑料或者玻璃回收机器，并出租给当地的企业和政府也是不错的商机！

### 插文52 集市垃圾化身首都肥料（巴西）

巴西西南部圣埃斯皮里图州首府圣马特乌斯市推出了一项新的计划：每周从900个集市收集有机废料并在当地进行堆肥。这一举措将促进该市每年减少约62 000吨填埋垃圾。该市目前共有4个堆肥厂，每个厂的单月运营成本约为140美元，这与市政府用于填埋这些垃圾的费用相当。这些工厂能够收集和处理各种废料，并将堆肥产物出售给小农户。通过垃圾堆肥可以有效减少填埋垃圾量，延长填埋场使用时间，而且集市的清理成本降低了约30%。Ursa Minor街集市的清理成本节约是由于劳动力的减少，8位清洁工中有2位参加了环保从业人员培训，他们负责收集垃圾，运到堆肥厂，并将其与锯末混合制作为堆肥的原材料。

资料来源：José Antonio da Silva Marfil，巴西Ecovida生态农业网络

©A. Loconto

# 5. 制定达标的物流计划

## 5.1　物流追溯

物流追溯代表着消费者能够通过阅读产品文件和标签，了解某个产品从被生产到被购买的全部信息。可追溯的物流通常是获得食品安全和可持续性认证的必要条件。物流追溯系统有助于辨识食品安全出现问题的节点，也是产品召回时的必要信息（插文53、插文54）。

---

**插文53　产品溯源防范风险**（泰国）

在从产地到卖场的供应链中，存在着产品污染和质量不达标等风险。在多年前的一个案例中，GreeNet 合作社在大米中发现了化学残留物。由于建立了可追溯的系统，该合作社确定污染是资料来源于受污染的水稻运输卡车。此后，供应链中新增了一个检查环节，确保运输车辆干净卫生。

资料来源：Michael Commons，地球网络基金会

---

©INRAE/Y. Chiffoleau

### 插文 54　通过简单颜色区分和识别实现溯源（坦桑尼亚）

坦桑尼亚农民茶叶公司（WATCO）开发了一套的数字称重系统，可在收集农产品时，区分雨林联盟成员农民和其他农民。农民们都有特定的编号，编号前缀 00 代表未认证，而 01 代表已认证。雨林联盟成员农民提供的茶叶在经过称重后将被装入绿色的袋子中，而非联盟成员提供的茶叶将被装入黄色袋子。运输时，黄色袋子将被装在车辆的下半部分，而联盟成员的绿色袋子将被装在上半部分。在卸货环节中，车辆上部的联盟成员茶叶也将首先被取下，这意味着非联盟成员的茶叶在最后才能被编号，并进入烘干加工环节。在下一步的加工中，同样是从联盟成员的茶先被加工，直到这些茶叶被清洗加工并静置 45 分钟后，非联盟成员的茶叶才被开始加工。

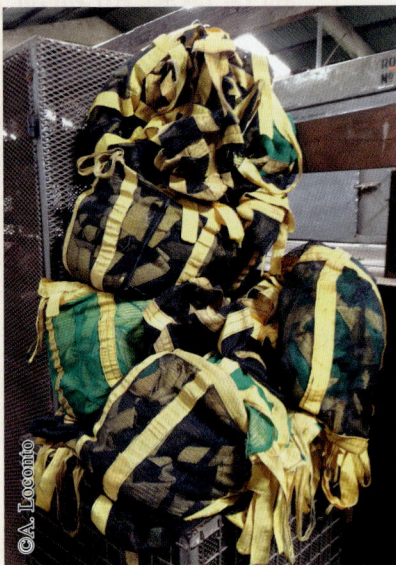

这种区别对待联盟和非联盟成员茶叶的方法旨在促进当地农民采用更可持续的生产方式。茶叶被装在显眼的黄色袋子里会促使农民产生思考：什么样的茶叶会被装进黄色袋子？除此之外，不同颜色的袋子也对应着不同的收购价格。这能有效地提高农民的积极性，促进非雨林联盟成员的农民加入雨林联盟等可持续组织。

资料来源：Allison Loconto，法国国家农业食品与环境研究院，
Emmanuel Simbua，坦桑尼亚茶叶研究院

## 5.2　降低污染风险

整个生产价值链中都存在产品污染的风险。由于可持续农场管理良好，产品被污染的风险通常较低。然而，当产品经过长途运输到达消费者手中时，污染风险也随之升高。我们需要确保食品在整个价值链中的安全。在市场中，有些人会通过交易证书等书面形式记录下产品每个交易环节的参与者，随后，

第三方将检查这些书面记录，并检测该产品是否有毒或发霉。然而在实际情况下，由于交易量巨大，对每一批货物都进行详细检查会大幅拉高成本和产品价格，因此，我们无法对每批货物都进行检查。

还有其他方法同样值得一试。当能够确保系统中产品的资料来源是可持续的，我们就可以只对最终产品进行残留测试。如果产品的生产者、消费者和其他参与方之间相互信任，虽然残留测试的成本较高，但我们可以通过随机测试的方式分摊成本，从而降低整体测试成本（插文55）。

### 插文55　参与式污染检测（印度）

在印度各地的 BhoomiKA 活动和德里的有机农夫市集中，消费者和检测机构代表会被定期邀请，随机抽取水果、蔬菜和谷物样品。所有样品均被装入密封袋中送检，检测报告是自愿公开的。生产者利用这种相对透明的机制邀请所有利益相关方提出建议，在省去高昂检测费用的同时，提高了产品的公信力。一些消费者被邀请参加农场的参与式保障体系，通过参观农场进一步建立对产品的信任。迄今为止，测试结果都表明产品没有被污染。一旦污染被检出，利益相关方将有责任公布这些报告，责令生产者整改和对消费者进行补偿。如果生产中出现了失误，直接道歉其实是维持消费者信任和产品公信力的有效方法。为了降低污染风险，这种参与式的检测模式同样适用于更长的供应链。然而，在日常生活中，人们其实更倾向于信任他们认识的人，而不是不熟悉的公司。

资料来源：Ashish Gupta，贾维克·哈特信托基金

## 5.3    食品安全担忧和法规

尽管食品安全法规适用于所有生产体系，但在可持续的粮食体系中，我们需要采取更为严谨的措施来确保产品不会被传统食品污染。监管条例规定了从生产到消费环节中避免食品污染的要求。但随着时间的推移，安全法规会不断优化，因此与时俱进非常重要（插文56）。

---

**插文 56    参与式食品安全监管**（印度）

邀请生产者和消费者参加安全监管办法的制定，无疑是使他们更加了解情况的好方法。印度食品安全标准局（FSSAI）邀请民间社会组织（CSO）代表参与修订有机监管规则。监管规则草案在这一程序下被民间社会组织和监管部门多次讨论，并进行了很多重大调整。例如，承认参与式保障体系（PGS）是一种有效的认定方法；在统一的有机食品管理法规下，协调各种机制并存的途径；创建"Jaivik Bharat"官方标识。监管机构还上线了"印度有机数据全库"门户网站，方便消费者购买经第三方或参与式保障体系认证的有机食品。该法规还规定了有助于提高本地生产商竞争力的关键条例：

①小农户不需要进行有机资格认证，仍可以在直接零售时声明其产品为"有机"产品。

②食品进口法规收紧，以确保从本地生产商那里获得的进口加工食品不能在印度市场上销售。

资料来源：Ashish Gupta，贾维克·哈特信托基金

---

**提示27**

**管理物流**

▶ 时间是关键：产品准时送达有助于节省运输花费、减少产品浪费和保障产品质量。

▶ 在农场或产品储存当地直接加工产品有助于提高收入和降低运输成本。

▶ 产品可追溯性是食品安全的基本要素，且产品追溯并不难实现，因为追溯的本质就是完整记录下产品交付的时间、人员和内容。

▶ 在物流领域，共同承担责任有助于加强生产者和消费者之间的信任，并且能促进物流系统的长期可持续发展。

# 学习之旅，接着读哪一章？

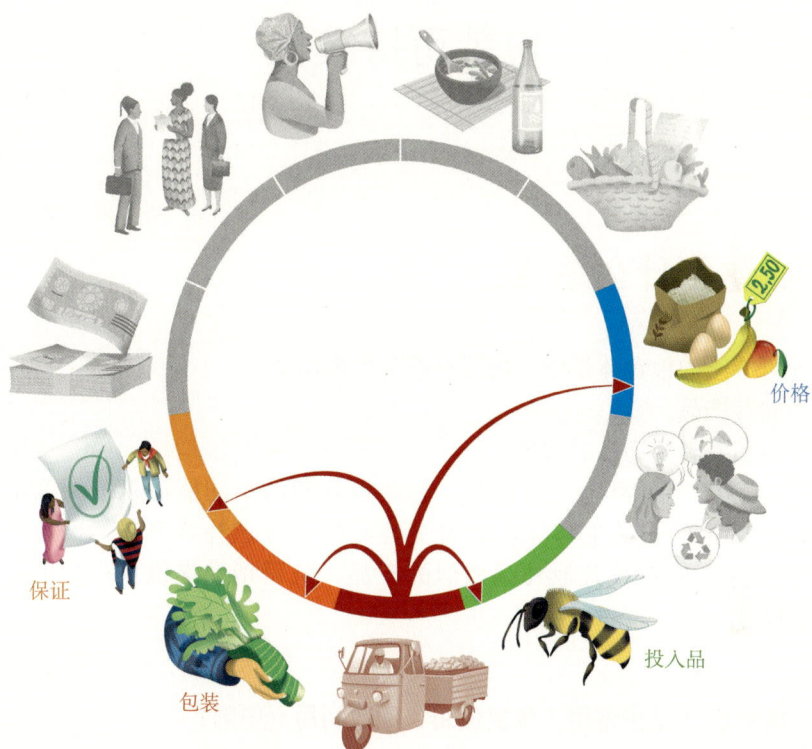

价格

投入品

保证

包装

▶ 作为认证要求的一部分，你是否需要确保产品追溯，但对认证程序不太满意？请看第8章：可持续性的保证，了解更多其他形式的保障。

▶ 想了解更多关于透明中介的信息，以及如何在物流计划中引入透明中介吗？请看第3章：确定"合理"价格。

▶ 有机垃圾该如何处置，可以处理加工为肥料吗？请看第5章：管理和获取可持续性投入品。

▶ 将非有机的废料重新用于包装安全吗？请看第7章：包装可持续性。

或者你可能想读其他章节，由你决定！

# 第7章

## 包装可持续性

## 1. 这为什么重要？

在可持续的粮食体系中，包装有两个主要功能：
①储存产品。
②向消费者传递产品信息。

包装可以为品牌提升辨识度，上述包装的两个功能可以为买卖双方创造价值。固定的包装能够让消费者更容易辨识并选择该产品，而不用浪费时间查看标签或查找其他外观相似的产品，从而帮助提供该产品的稳定性（插文57）。

### 插文57 减少使用、重复使用、回收利用（中国）

"减少使用、重复使用、回收利用"是分享收获农场产品包装的三个主要策略。分享收获农场作为一个"社区支持农业"项目，为北京约800个会员家庭提供每周送货上门服务。农场首先是选择用稻草而不是塑料袋包装。其次是与当地一家物流公司合作，将箱子和其他包装材料送回农场重复使用。此外，农场通过社交媒体积极向消费者宣传不使用不可持续包装材料的益处，并尽可能地使用可回收材料。

资料来源：石嫣，中国分享收获农场

©A. Loconto

## 2. 如何选定产品包装？

思考如何选择可持续的产品包装（表8），主要需考虑两个问题：

①销售产品的易腐性和包装目的，是直接将产品卖给消费者，还是将产品运至另外的加工厂或销售点（插文58）？

②用于可持续产品包装的材料。在选择包装材料时，应同时考虑材料的环境可持续性。为此，你有两种选择：使用可生物降解的包装材料（例如天然纤维包装），或使用可重复利用或完全回收的材料（例如玻璃），应避免使用塑料包装（插文59）。

表8　根据不同产品特性选择不同包装的示例

| 产品 | 新鲜蔬果 |
| --- | --- |
| **产品易腐性** | 极易变质 |
| **目的** | 出售给个人消费者 |
| **包装类型** | **示例** |
| 无包装 | 在许多可持续性实践中，消费者可直接在农场用编织篮装采摘的新鲜农产品。这些编织篮使用完毕后可以退回。在全球许多城市，自带包装（例如重复使用橄榄油或者红酒的玻璃瓶）正在成为一种新的流行消费趋势  |

©A. Loconto

（续）

| 包装类型 | 示例 |
|---|---|
| 生物塑料制品 | 一些国家已经通过了强制使用生物可降解塑料袋的相关法案。一些商店也开始通过向顾客收取一定费用，来降低顾客使用塑料袋的意愿。可降解塑料袋的承重能力通常不如传统塑料袋，而且被装在袋里的农产品可能会吸附可降解塑料袋的刺激性气味 |
| 纸袋 | 水果和蔬菜可以装在带有品牌标识和产品信息的中小号纸袋中 |

| 产品 | 新鲜蔬果 |
|---|---|
| 产品易腐性 | 极易变质 |
| 目的 | 送往加工厂或销售点 |

| 包装类型 | 示例 |
|---|---|
| 纸箱装的草莓 | 对于草莓等易变质的农产品，小纸箱有助于减少塑料制品的使用。由于纸箱易吸水，最好在摆放农产品时用叶子填塞空隙。就草莓而言，这有助于延长产品的保存时间，避免变质。对于有机草莓来说，使用的是相同草莓种植园的叶子。然而，在常规生产中这种方法是被禁止的 |
| 编织篮 | 编织篮由可生物降解材料制作成，便宜且易于回收，这种产品包装能够从外观上吸引消费者 |

（续）

| 包装类型 | 示例 |
| --- | --- |
| 可堆叠的筐子 | 　　这种筐子可重复使用并最大限度地利用空间，从而防止产品在运输过程中损伤。某些品牌的筐子是由坚固的生物塑料（例如玉米淀粉）制成 |

| 产品 | 根茎类作物产品 |
| --- | --- |
| 产品易腐性 | 中等 |
| 目的 | 出售给个人消费者 |
| 包装类型 | 示例 |
| 纸袋 | 　　未清洗和称重的根茎作物产品可以用带有品牌标签和产品信息的纸袋包装 |
| 可重复使用的小号粗麻布袋 | 　　粗麻布袋是塑料袋的环保替代品，由坚固、耐用、可清洗和重复使用的材料制成。粗麻布袋上可印品牌标识或标语来凸显品牌独特性 |
| 纤维网袋 | 　　由100%可降解的天然纤维制成的网袋，保湿透气，能帮助蔬菜更长时间保鲜。此外，纤维网袋也可以被用于一次性家庭堆肥 |

（续）

| 目的 | 送往加工厂或销售点 |
|------|------------------|
| 包装类型 | 示例 |
| 大粗麻布袋 | 该类市场一般销售量较大，所以采用大号粗麻布袋更合适。对于不同的销售需求 [40千克或50磅（1磅≈0.45千克）等]，要用相应尺寸的袋子，并用适当方法封装（绳子打包或热封口） |

©A. Loconto

| 产品 | 液体和果酱 |
|------|-----------|
| 产品易腐性 | 中到低 |
| 目的 | 出售给个人消费者 |
| 包装类型 | 示例 |
| 玻璃瓶和罐子 | 位于哥伦比亚苏马帕斯的生产商为雪莲果糖浆制作的玻璃包装可以较好地保留产品的营养。玻璃包装既符合卫生标准又简洁漂亮 |

©O. Nieto

## 插文58　有机人工捕鱼项目中的包装（泰国）

地球网络（EarthNet）基金会下的有机个体渔业项目，旨在帮助泰国南部使用可持续生产方法的小部分渔民对接曼谷消费者。由于送货量太少，渔民没必要租赁冷藏卡车运输，他们将鱼包在可重复使用的泡沫箱中，在运输过程中保鲜。虽然当地有许多物流公司，但大多物流公司并不愿意将海鲜与其他货物一起运输。幸运的是，一些定期往返曼谷和其他地点的公共旅游巴士同意将泡沫箱装在巴士的货箱中进行运输，然后由本项目工作人员从巴士站取走并送到市场。

资料来源：Michael Commons，地球网络基金会

©A. Gupta

**插文 59　FreshVeggies 用天然纤维包装送货上门**（乌干达）

在 FreshVeggies 的配送方案中，包装用的篮子由未染色的棕榈叶和干燥的香蕉纤维手工编织制成，这确保了篮子的强韧耐用。这些篮子由当地妇女手工编制，编制收入用于支撑他们家庭的基本开支。同时，用沼泽和湿地中生长的棕榈树叶编织篮子也是对湿地可持续发展的支持。这些篮子可以用于携带新鲜蔬菜和其他食品，其外观美观、可重复使用且价格实惠。此外，编织篮中蔬菜可以自然挥发水分，有助于食品保鲜。与之相反，无法透气的塑料袋则会缩短农产品保质期，并且在整个生产、使用和降解周期内对环境产生不利影响。

资料来源：Julie Matovu，FreshVeggies 有限公司

# 3. 设计正确的包装

## 3.1　设计

包装设计作为产品的"脸面"，应在同类产品中脱颖而出（插文60）。包装还需展示产品相关信息和产品特性，使产品更具吸引力。

包装也是向消费者传达公司理念和产品特色的一种方式（例如生态、创新、团结经济、手工制作、本地生产等）。

*请记住，设计对于产品开发和价值增长至关重要。*

### 提示28
#### 做吸引人的设计

①考虑产品的操作性（易于/难以打开、易于操作、易于携带、重量/尺寸比合适等）。

②在设计阶段与消费者沟通。思考包装该如何体现主要视觉元素（健康、本地生产、环保等）以及呈现方式（颜色、图片、文字、不同元素之间的联系等）。

From Cow to Cone
HANDMADE ICE CREAM
free from artificial stabilizers,
additives, colouring and flavouring

©A. Loconto

Namibia's finest ice cream & frozen yoghurt
hand crafted with organic ingredients  -  no artificial additives

©A. Loconto

**插文60　如何设计一个别出心裁、博人眼球的包装？**（哥伦比亚）

由本地马铃薯品种制成的 Ancestrales 薯片的生产商最想向消费者传达的理念是"本产品有助于保护 Páramo 生态系统和传统农民文化"，这也是地球家族最初设计产品包装的理念。

品牌名称 Ancestrales（意为"祖传"）同样呼应了价值观。设计团队用水彩拓印了马铃薯纹理，然后转为数字化，最终形成了薯片包装。

©J. Aguirre

©O. Nieto

©J. Aguirre

最后一步，确定品牌标识，所有元素组合在一起构成了完整的产品包装。

资料来源：Oscar Nieto，地球家族

©O. Nieto

## 3.2　包装尺寸

包装尺寸也是使产品具有吸引力、易操作和促进可持续性消费（减少食物浪费、营养适宜的分量）的重要组成部分。应当从消费者的角度来考虑确定合适的尺寸，如果产品是为儿童或单人消费设计的，则应该选择小尺寸包装以避免浪费（表9）。

表9　针对不同消费者的不同包装尺寸的示例

| 产品 | 目标消费者（和市场渠道） | 包装尺寸 |
|---|---|---|
| 新鲜甘蔗 | 个人消费者（零售店、菜市场） | 用纤维绳捆扎的10～12棵完整的甘蔗 |
| | 儿童（农夫市集和采摘农场） | 单根，剪枝 |
| | 家庭（盒装） | 去皮，以千克计称（例如，0.5千克或4千克一包），包装在衬有食品级聚乙烯袋的纸袋中 |

## 3.3　包装材料和制作

包装产品所需的设备以及研发包装的材料通常需要大量资金。每个过程都需要特定的机器以及熟悉操作的合格资质人员。很多时候，过大的包装成本是小农户不愿意自己包装的主要原因之一。然而，许多加工、储存和包装产品的技术可以由小农户手工完成（例如家庭罐装果酱）。而且，越来越多的人正倾向于简约包装，这为小农户自己包装产品提供了新的可能。

因此，你可以自行设计一个有吸引力的简单包装，也可以委托专业公司完成包装（插文61）。

**提示29**
**设计吸引人的简洁包装**

好的包装不一定需要大量投入。精心设计加上彩色打印，就可以做出一款具有关键信息且吸引人的品牌包装。设计标准的印刷包装，再贴上不同标签来介绍品种、重量和其他特定信息，对于已有常规尺寸和包装的产品（例如蔬菜种子包装）来说，更为经济适用。A4打印机尺寸的白色和彩色不干胶标签，或是再生纸都十分易得。在制作数量还不足以让专业印刷成本更低之前，用普通打印机是更经济可行的选择。而且还可以在标签中加入手写和橡皮章元素，为产品增添手工特色。

## 插文61　印刷外包（哥伦比亚）

地球家族与当地公司签订了合同，制作Ancestrales薯片的包装。公司为了方便开模，建议至少印4 800个塑料包装。在双方协商后，四种不同的包装样式被整合在了一张印刷版上。得益于此，每种类型的薯片包装只需12 000个就能够开模生产。据估计，每袋包装的生产成本在105～200哥伦比亚比索之间（相当于约0.03美元），这种方式为生产者省下了大量资金。Ancestrales薯片第一周期内用于设计、开模和印刷预算为2 400美元，第二个印刷周期的成本约为1 700美元。

资料来源：Oscar Nieto，地球家族

©地球家族

# 4. 如何展示标签信息？

包装上的图像和文字可以传达两个信息：法规要求展示的信息和产品的品质与价值。

## 4.1　符合法规要求的包装

不同国家对包装的法规要求有所不同，但通常要求标注以下信息：产品名称、成分表、重量、营养价值、生产商或公司联系方式、原产地、批号、生产日期、有效期、保存方法和使用说明（插文62）。

**插文62　务必公开的标签信息**（哥伦比亚）

国家标签法明确规定了产品标签上需要列出的信息。在哥伦比亚，以下信息是必须展示的：①营养成分；②配料根据含量由高到低依次排列。对于小农户来说，获取这些关于营养价值的信息并非易事。最快捷准确的方法，是将产品送到国家公认的实验室进行检验。如果送检不可行，也可以从国家食品安全和营养部门获得食品成分表。一些工具网站还可以根据标准食谱为产品创建营养价值标签。不过在使用这些之前，最好验证其中每一项的营养价值。以下是有用的链接：

▶ 国际食品成分表/数据库目录（INFOOD）

包含所有已被检测过食品的官方营养成分表，自1988年以来一直在更新。以下是不同地区区域数据库的链接，其中包含特定区域的食品信息。

http://www.fao.org/infoods/infoods/tablesand-databases/en

▶ Wolphram alpha是一个免费的工具网站，输入你的产品便可以获得其营养价值。但网站提供的营养价值是针对标准产品的，产品的不同会导致营养价值的差异。

https://www.wolframalpha.com/examples/society-and-culture/food-and-nutrition

▶ Recipal是一个要收取少量费用的工具网站，网站提供产品和食谱的营养价值，并且为设计产品标签提供指导。

https://www.recipal.com

资料来源：Oscar Nieto，地球家族

## 4.2　包装的市场营销

生产商可以在包装上印一些规定范围外的信息，使包装更吸引消费者。这些信息可能包括：

▶ 达到特定生产或贸易标准（例如有机、公平贸易、非转基因认证）而被授予的环境或社会标志。这类标志被大多消费者认可，是产品具有可持续性和符合道德贸易的证明。

▶ 品牌名称，帮助消费者区分竞品。

▶ 产品特定的营养价值（例如：低脂肪或无脂肪、高纤维、低糖或无糖、无反式脂肪等）。

▶ 产品对健康的益处（例如，"雪莲果有助于调节血糖水平和治疗糖尿病"）。特别提醒：一些国家对于产品保健声明的监管非常严格，请核实你所在国家和产品出口国家的有关法规（例如，欧盟对保健声明有非常严格的管理办法）。

▶ 关于生产者是谁、他们如何生活、如何种植或生产产品的说明，通常与农民劳作的图片一同展示。产品背后的故事可以让消费者增进对品牌和产品的了解和信任。

某些产品营销信息受法律法规监管，因此在产品包装上展示信息需要非常谨慎。宣传产品的保健功效往往受到非常严格的监管，虚假声明会被处罚。

**提示30**
包装待售的可持续产品

▶ 包装在保护产品中起着重要作用的同时，对于商品价值传播也非常重要。

▶ 为了更好地满足中间商和消费者的需求，可以在供应链的不同阶段中使用不同形式的包装，某些类型的包装材料可以重复使用。

▶ 使用环境友好型包装可以降低成本（特别是使用可回收材料），同时保持美观并减少对环境的不利影响。

▶ 产品包装上的标签空间有限，需要明智地选择你要传达的内容！

# 学习之旅，接着读哪一章？

合作伙伴

消费者

资金

保证

- ▶ 想知道包装有哪些价值？请看第1章：吸引并留住消费者。
- ▶ 如果正在考虑与专业印刷公司合作设计包装，请看第11章：引入合作伙伴和支持者。
- ▶ 如果想投资加工包装技术但资金不足，请看第9章：创新性资金。
- ▶ 想在包装上展示"有机"等可持续标签吗？首先要确保产品符合质量标准，请看第8章：可持续性的保证，这章将告诉你更多这方面的信息。

或者你可能想读其他章节，由你决定！

# 第8章

## 可持续性的保证

### 1. 这为什么重要？

并非所有的生产者都能践行可持续农业，因此用什么方法对他们进行辨别非常重要。

生产者、中间商和消费者共用一个保证体系，从而验证所交换的食物是以可持续方式生产。

### 2. 什么是保证？

**保证**是对某事已经完成或将完成的承诺。它可以简单到仅是遵守可持续发展标准（非正式保证）的口头承诺，也可以是复杂的第三方公证，即产品、人员或流程遵守某些预先制定的可持续性标准或质量准则。

**保证**是建立消费者信任的必要条件。它可以确保产品品质如一，保护消费者免受欺诈，并保证产品遵守可持续生产标准。

**保证体系**体系性体现了保证要点，它通常遵循一个生产标准和书面操作规则。生产者或加工商通常会获得证明其可持续性的证书。有多种方法可以确保可持续标准得到遵循。

### 2.1 自我声明

在这种类型的保证中，生产者进行自我认证。自我声明因正式程度不同而有所区别，可以是简单的非正式的、向消费者口头表达的承诺，如"退款保证"（如果买方对产品不满意，卖方承诺将补偿其损失）。更正式的自我声明包括填写一份书面的自我评估表，或将承诺书提交给公开透明的中介或买家，这种类型的保证，有益于定期会面和沟通的生产者和消费者建立起信任。然而，若买卖双方很少见面，虚假报告也很常见且很难发现。

| 优点 | 缺点 |
| --- | --- |
| ✚ 成本低甚至免费。 | － 虚假报告很常见。 |
| ✚ 大多数表格都很容易填写。 | － 有些表格较难填写。 |
| ✚ 没有外部审计。 | － 通常不允许使用包装上的标签。 |

## 2.2　主体审核

这种类型的保证，也被称为第二方认证，其中，评估由公开透明的中介或对审核生产者感兴趣的加工商实施。这方面的例子包括对农民供应商进行审计的加工商，或对其成员进行认证的组织，在这种情况下，该过程有时被称为内部控制系统（ICS）。

| 优点 | 缺点 |
| --- | --- |
| ✚ 低成本。 | － 不能覆盖所有农场。 |
| ✚ 表格通常由第二方填写，而不是由农民填写。 | － 可能出现虚假报告。 |
| ✚ 没有外部审计。 | － 随机检查（根据ICS）滥用或不合规。 |
| ✚ 农民可拥有自己的证书。 | － 证书通常由购买方或合作社/协会内部使用，而不能用于其他市场。 |
| ✚ 生产者有时可以申请包装上的标签。 | |

## 2.3　检查、认证和认可体系

这种保证体系，也称为第三方认证，需要多层次的控制，因此是最正式的。评估是由政府认可的外部机构进行，且该机构与被评估的农场或组织没有经济或商业利益。

## 优点

+ 被公共法规承认的保证（少数国家除外）。
+ 符合出口要求（可进入美国、欧盟、日本、中国、加拿大，以及其他国家的市场）。
+ 一些认证被多个市场接受。
+ 农民合作社可以在内部使用第二方 ICS，并由第三方对其 ICS 进行审核。
+ 生产者通常可以申请包装上的标签。

## 缺点

- 费用很高。
- 需要大量材料。
- 不允许参与。
- 没有社会控制。
- 证书颁发给团体（ICS）、非政府组织或出口公司，不面向个体农民。
- 对标准进行系统性审查，有时会放宽标准简化认证程序。
- 随机检查（根据 ICS）可能存在滥用和不合规。
- 农民直接向认证机构支付审核费用（有时购买证书），造成固有的利益冲突。

## 2.4 混合体系

目前有多种"混合"不同保证形式的体系。例如，可以将自我声明和第三方认证结合起来，如某些私营部门的商品供应商名录。农民填写有关其表现的表格，并随机选择具有代表性的农场样本由第三方认证机构进行审核，也可以结合第二方和第三方保证，如**雨林联盟**（插文63）。在所有的体系中，往往都有非正式保证的身影。

## 优点

+ 这些混合体系通常由自主品牌所采用，对单一热带商品（如茶叶、咖啡、棕榈油、大豆、可可）市场广阔。
+ 混合使用不同的保证形式可以帮助避免欺诈，这种欺诈在只依赖一种保证类型的系统中很常见。
+ 混合体系涉及更多协作，因此，将一些报告用于一个以上的保证体系，可以减少生产者的行政负担。

## 缺点

- 依然存在来自第二方和第三方认证的挑战，尤其是与成本和文件相关的挑战。
- 多种保证形式滋生官僚主义和缓慢的反馈机制。
- 一些消费者认为混合保证是一种企业战略，以减少被认为最稳健的第三方审计的严格性，这可能会降低消费者信心。

插文63 雨林联盟（坦桑尼亚）

雨林联盟运用第二方和第三方认证来发放其"green frog"认证标签。雨林联盟认证团队每年对农场进行评估，每三年由经过认证的第三方认证机构对其进行审计。雨林联盟的第二方审计主要包括文件审计（确保执行了改进计划）以及不定期自去农场实地考察和现场答辩。第三方审核员每三年到访农场，选择更新或吊销证书，并将报告发送给雨林联盟。根据这份报告和内部审计，雨林联盟将决定农场是否在接下来的三年内获得认证。

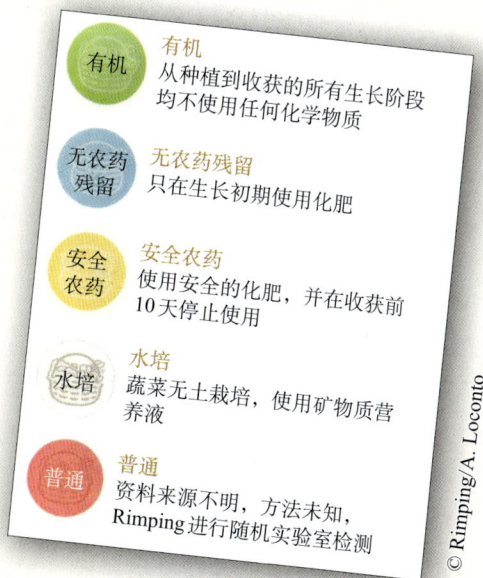

© Rimping/A. Loconto

资料来源：Allison Loconto，INRAE

## 2.4.1 参与式保障体系（PGS）

PGS使用自我声明和第二方认证的要素，基本上是以当地为重点的质量保证系统，根据农民、消费者和其他当地行为者的积极参与对生产者进行认证。农民承诺，为了遵循有机标准，参考者团体（通常仅由农民组成，或由农民、消费者和农艺师共同组成）定期进行实地考察——可以是每月一次、每年一次或每两年一次。PGS委员会由所有利益相关方团体的代表组成，负责审查报告并决定是否授予认证。这些团体既可以独立开展认证工作，也可以依照国家有机标准同国家公共机构合作认证（插文64）。

**优点**

+ 低成本。
+ 提供渠道、信息和知识共享。
+ 所有主体都参与，消费者参与产品保证过程，加强对生产的支持。
+ 在较短的供应链中，通过更紧密的联系提供市场准入。

**缺点**

- 一些公共监管机构不认可。
- 除非非政府组织（NGO）/研究人员告知生产者，否则生产者可能对PGS一无所知。
- 缺乏关于PGS的国内和国际信息。

## 优点

+ 大型中间商、酒店、饭店都可以了解生产者的流程，继而鼓励生产。
+ 支持地方市场和经济。
+ 提高透明度。
+ 促进农民赋权。
+ 促进社会管控。
+ 预先确定违规规则。
+ 根据小农的条件和需求开发。
+ 非等级认证方式。

## 缺点

- 费时费力，需要耗费大量时间精力才能开发一个生产者、消费者和其他行为者真正参与的机制。
- 需要大量财政来支持农民的其他活动，包括持续培训、转型升级和提升 PGS 认可度（如果 NGO 支持不足时）。
- 消费者经常缺乏积极参与（除非得到 NGO 或政府的支持）。

---

**插文 64　奎松 PGS（菲律宾）**

奎松 PGS 是一个多方认证机构，其能够保证消费者在每周的农贸市场上出售的所有产品都符合有机标准。其认证具体步骤是：

①内部审核。在向同行评审员提交申请之前，对农民进行有机标准、PGS 规则和流程方面的培训，由同行评审员确定农场是否有资格接受检查。

②同行评审员进行农场检查并向评审委员会提交报告。

③委员会评审员对报告进行评估并做出决定。

a.如果获得批准，委员会将会把决定转给奎松 PGS 管理委员会，由其颁发证书。

b.如果被拒，报告会反馈给同行评审员，由同行评审员通知农场和奎松 PGS 管理委员会。在这种情况下，农场可以在六个月内进行更正并再次提交同行评审调查。

©A. Loconto

④由奎松 PGS 管理委员会颁发认证。

⑤同行评审员将认证交给农民。

资料来源：Carmen Cabling，奎松参与式保障体系

# 3. 选择你的保证体系

在选择最合适的保证体系之前，可收集你所在地区运行的认证体系信息，便于做出最佳决策。

## 提示31
### 收集你所在地的保证体系信息

a. 哪些倡议组织正在采用可持续生产产品的认证体系？

b. 这些倡议组织概况如何？

c. 倡议组织是否经合法注册？

d. 有多少种耕作系统或产品获得了认证？

e. 参与费用多少？

f. 是否通过现有的认证体系向会员提供额外服务？

g. 在哪些市场销售产品？

一旦收集了足够多现有体系的信息，就要开始考虑与你的目标市场相匹配的保证方式，并确定每个选项的成本。

## 3.1 各保证体系是如何建立信任的？这种信任在哪个市场最有效？

市场通常会决定认证过程中使用的保证体系类型。不同的市场和组成市场的消费者要求不同类型的担保。这通常与如何在保证体系中建立信任有关（表10）。例如，在临近市场，自我声明就足够了，因为生产者和消费者彼此了解。然而对于远距离市场，如出口市场，消费者和生产者无法见面，可能需要PGS，并进行第三方认证（插文65）。

表10 不同的保证体系如何建立信任？

| 不同保证体系 | 信任建立方式 | 不同市场 |
|---|---|---|
| 自我声明 | 信任依赖于生产者和消费者之间的直接和反复互动 | 生产者和消费者之间有直接关系的邻近和当地市场 |

（续）

| 不同保证体系 | 信任建立方式 | 不同市场 |
|---|---|---|
| 参与人员审核 | 信任依赖于公开透明的中介或加工商与消费者之间的直接和反复互动 | 在公开透明的中介或加工商与消费者之间有直接关系的地方或国家市场 |
| 第三方审计 | 信任依赖于认证机构的独立性和公共部门的认可 | 在国内和国际市场上，消费者几乎没有机会直接接触可持续粮食体系的经营者；信任是通过专业认证者建立的 |
| 参与式保障体系 | 信任依赖于所有主体的直接参与，这意味着消费者信任这个体系要么是因为他们积极参与认证过程，要么是因为他们与参与保证体系的其他参与者（生产者、公开透明中介或其他消费者）有直接关系 | 地方和国家市场与参与者之间有直接关系 |
| 其他 | …… | …… |

**插文65　SPAR/SUPERSPAR超市**（纳米比亚）

SUPERSPAR是荷兰SPAR特许经营的子公司，是纳米比亚的一家杂货连锁店。SUPERSPAR在Maerua地区推出了"养生达人"有机超市，产品包括新鲜农产品、加工产品和化妆品。

SUPERSPAR在其网站上宣称："我们当地生产的有机草药和蔬菜按纳米比亚有机协会（NOA）的严格规定种植，因此获得了有机认证。尽情享用各种新鲜蔬菜、新鲜的沙拉或浓烈的香草。"

由于缺乏公共有机监管机构，私营NOA标准是唯一包括有机食品的国家标准。NOA标准使用PGS来保证其有机质量，表明超市也认可PGS体系。

资料来源：Gabriel Curilef，纳米比亚有机农业运动，
www.weckevoigtssspar.com/in-store/health-nut

## 3.2　需要多少钱？

费用和费用构成因所选择的保证体系类型和运营区域而异（表11）。尽管自我声明和第二方认证通常很便宜或免费，但第三方认证需要费用。遗憾的是，第三方认证的费用不受监管，认证机构没有义务对此进行公布或宣传。

确定成本前需要一些研究作为基础（插文66）：

①首先，浏览标准组织的网站，确定你所在地区的标准组织；其次，检查认证机构的网站，了解他们的费用是否已经公布。

②然后，联系当地的分支机构估算认证费用。如果你所在地区有多个认证机构，可以比较各家的费用。

**表11 不同保证体系的成本差别如何？**

| 不同保证体系 | 费　用 | 费用构成 |
| --- | --- | --- |
| 自我声明 | 此认证体系不需要任何费用 | 无 |
| 参与人员审核 | 此认证体系不需要任何费用或费用有限 | 费用结构可能因审计师而异。该体系中的费用结构可以基于整个农业体系或仅针对单个产品进行计算 |
| 第三方审计 | 这种类型的认证需要费用，而且可能相当高。对小农群体有时会收取特殊费用 | 大多数第三方认证机构根据需要在农场认证的商品数量、所需标准的数量（例如，欧盟有机、NOP和土壤协会都可以在同一次审核中评估）、农场规模以及所需的预期工作日数进行认证 |
| 参与式保障体系 | 费用由PGS小组商定。并非所有PGS都收费 | 在PGS中，费用将涵盖整个农业体系的认证，无论其生产的商品数量如何。即使要收费，也通常是象征性的，以支付参观农场的交通费 |
| 其他 | …… | …… |

## 插文66　公平贸易认证（FLOCERT）

公平贸易国际认证机构FLOCERT在其网站上使用一个用户友好的认证费用计算器。FLOCERT的平台使用多项选择问卷，询问以下问题：

①所在组织类型（例如，小生产者）。

②所要计算的费用类型（初始或年度）。

③会员所属的"等级"类型。

a.一级，即小型生产者机构，成员完全是个体小农。

b.二级，即以一级组织为成员的小型生产者组织。

c.三级，即以二级组织为成员的小型生产者组织。

④所在组织的成员人数。

⑤所拥有的产品数量。

⑥所拥有的加工设施数量。

a.每个设施的工作量。

⑦所使用的分包实体的数量。

在回答完最后一个问题之后，FLOCERT会立即为用户估算总费用，并提供可下载的PDF副本，包括申请费、认证费和额外费用。

资料来源：http://www.flocert.net/fairtrade-services/fairtrade-certification/fees

## 3.3 还有什么受保证？

### 3.3.1 服务

服务有时也是保证体系的一部分，生产者会接受培训等服务，从而提升践行可持续农业标准的能力。

对照清单

**服务相关问题**

①入职培训和培训是否包含在保证体系中？

②保证体系中是否包含监测和指导？如果是，多久进行一次（每季度、每个种植季、每半年）？

③保证体系负责人是否在证书颁发后持续提供可持续粮食体系的最新进展？

④保证体系是否提供附加服务？

### 3.3.2 范围和等效性

一些标准和保证体系实现了国家标准之间的等效性，而另一些则在多个国家/地区运行。保证体系可以根据其覆盖范围决定市场限制。在寻找最佳保证体系时，请向认证者询问标准的范围和等效性。

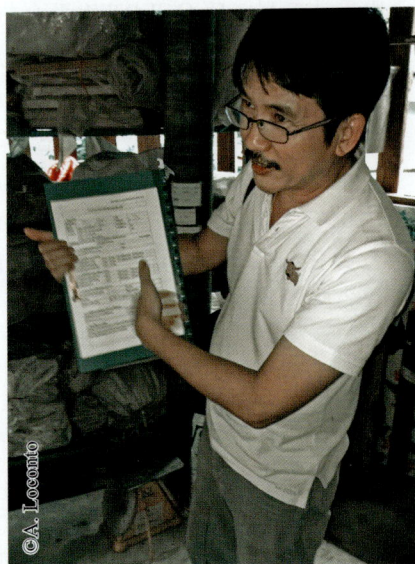

©A. Locomio

### 3.3.3 遵守法律

要确保你要采用的保证体系遵循当地和国家有关可持续性的法律。

如果你想查询不同保证体系的等效性，请访问：http://www.ifoam.bio/sites/default/files/irocb_equitool_2012_0.pdf

**对照清单**

**合法合规**

①所在国是否有法律对保证体系有具体要求？

②所选体系是否遵循CODEX、IFOAM、ISEAL、ISO或相关计划以及国家之间的双边协议？

③（有机/天然/认证/等）词汇是否受政府监管？如果是，什么样的保证体系才能使用它们？

# 4. 如何宣传所用保证体系？

鉴于建立保证体系是为了区分可持续生产者和不可持续生产者，因此与消费者的沟通至关重要。根据你决定施用的保证体系，可以通过口头的、视觉的或两种方式兼用来通知消费者。

①如果只是口头宣传，例如非正式的自我认证，为了让宣传更有效，应该遵循一些简单的技巧：用清晰明了的信息来描述你的可持续标准。

②大多数保证体系是允许使用可让消费者产生联想的认证标签的。如果你使用标签，请确保它以书面形式显示在产品包装上。

# 5. 你的保证体系如何帮助农民满足其他标准？

在可能的情况下，保证体系简化了生产者和中介的管理流程，公共和私人参与者之间应努力相互认可。除了可持续性标准，农民还必须满足食品安全、公共采购和环境保护标准。在选择保证体系时，应考虑这些标准（插文67）。

**提示32**
**实现管理流程的简化和标准化**

①所在农民团体是否可以作为合法的合作社，注册获得公共补贴或推广服务？

②所用保证体系能否用于收集食品安全信息，并向相关部门进行农民登记？

③能否使用PGS证书向公共采购部门注册？

④所用保证体系能否用于跟踪生态体系服务或碳汇，并为农民注册提供补贴或市场？

---

**插文67　PGS、食品安全注册和公共采购**（玻利维亚）

在玻利维亚，国家"生态农业法"（3525）已授权制定PGS的国家监管计划。每个PGS都在市政办公室和国家部门注册，以便获得当地推广服务（甚至是生态生产）并使用国家有机标签。

此外，所有PGS均已在食品安全部门注册，便于颁发证书，授权PGS农民向公共采购计划出售产品，并进入全国范围内的正规市场。尽管农民只在其社区内实施了PGS，他们依然可以进入国家市场。

资料来源：Pilar Santacoloma，联合国粮农组织

---

# 6. 如果没有人要求保证怎么办？

一些消费者对采购可持续食品不感兴趣。如果已经在进行可持续生产，还应就消费者提出的各种问题做好准备。首先应该在你的营销策略中发展一个二级销售的部分，这样就可以开始与部分消费者建立一个非正式的保证体系。

**提示33**
**建立一个保证体系**（当没有人要求时）

相关的生产者团体可以：

▶ 发布时事讯息，向人们及时通报和宣传相关农场信息，例如安全、健康和供应保证。

▶ 分享食谱，或宣传共同感兴趣的话题和社交活动，以吸引消费者的兴趣并建立信任。

▶ 推出合理的退款政策，以应对消费者对产品质量不完全满意的情况。这个体系需要经过仔细规划并合理使用，这些政策将防止不诚实的消费者进行任何形式的公然滥用。

▶ 邀请消费者在农场中发挥更重要的作用——通过参观、集体开发项目，甚至通过出售会员股份（例如，建立CSA模型）。

▶ 通过在收集点、送货车或包装上展示可持续模式，主动宣传他们的可持续模式，以提高消费者对农场的认识、信任和信心。实际上，这是另一种保证形式。

▶ 公开透明。主动发布有关农场标准（好的和坏的）的信息可以建立信任。

▶ 使用类似做法与其他农场建立联盟，建立农民之间的信任，并实现销售产品多样化。在早期阶段，组织农场参观，以了解彼此的生产和营销实践，这一点非常重要。

## 提示34
### 提供保证

▶ 并非每个市场都需要相同类型的保证。

▶ 在建立你的保证体系时，选择核心消费者最信任的方法。

▶ 比较不同认证机构之间的费用和费用结构，然后根据消费者愿意为你的产品支付的价格进行衡量。

▶ 做好准备！如果你的消费者不要求保证可持续性，那么无论如何都要建立自己的体系。最终总有人会关心这个情况！

©A. Loconto

# 学习之旅，接着读哪一章？

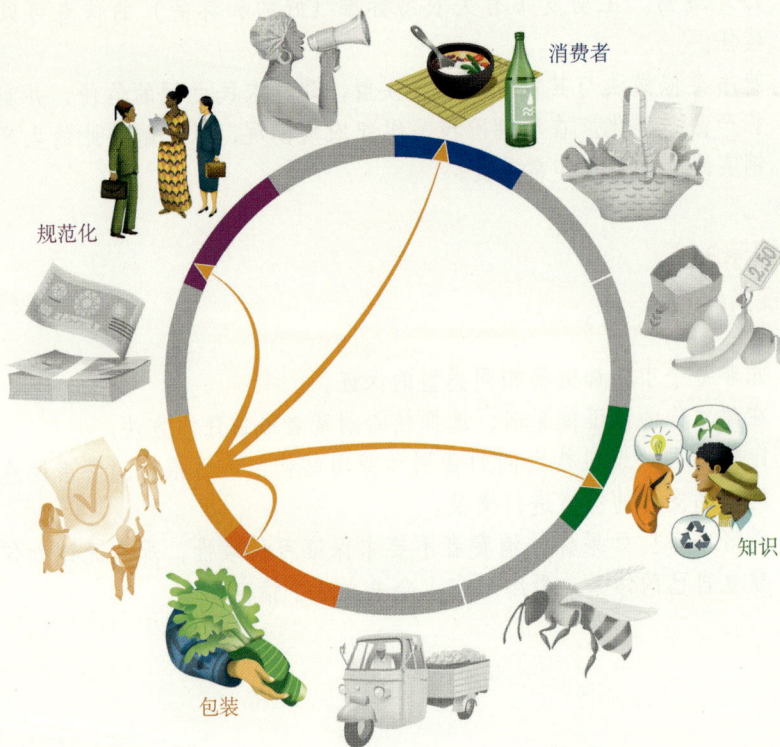

- ▶ 想了解更多关于标签如何帮助更好地传达产品价值的信息吗？请阅读第7章：可持续性包装。
- ▶ 想改善与消费者的沟通吗？请尝试第1章：吸引并留住消费者概述的一些技巧。
- ▶ 想在保障体系中提供延伸服务吗？请看第4章：知识共创共享 促进可持续生产，从而了解如何提供延伸服务。
- ▶ 想让保障体系更加规范化，但不确定什么是正确的组织模式？试试读第10章：集体工作规范化。

# 第四篇
# 组织有序

　　建立可持续粮食体系或从传统体系过渡到可持续体系最具挑战性的就是如何组织力量。改变不能自动发生，也不是个人的责任。改变是一项集体努力，以期寻找注重可持续实践的新的合作方式。

　　在接下来的章节中，你将了解为合作提供资金的创新方式、技术以及在合作者之间保持适当平衡的原因、何时与他人合作的方法，还有何时需要从公众或政策中获得更多支持。

　　如果你正在发起一项倡议，或者正在寻找新的方法，你可能想从这里开始你的旅程。

第9章　创新性资金

资金

第10章　集体工作规范化

规范化

第11章　引入合作伙伴和支持者

合作伙伴

# 第9章

## 创新性资金

## 1. 这为什么重要？

对于粮食体系中的主体而言，确保创新合作的资金流稳定一直都是一项挑战。商业模式和规模通常因为风险过高或者规模太小而无法获得商业银行贷款，又或者规模太大不符合小额信贷计划。

在一些倡议中，拥有摆脱商业银行资金依赖的能力被包括在可持续粮食系统的愿景里。

## 2. 有哪些选择？

一项倡议需要资金的原因主要有三个：

①**确保持续营业。**要有足够的资金来支付运营成本（即员工、电力、交通、办公场所），从而保证倡议能真正被施行。

②**需要投资。**超出倡议正常运行成本的创新、改进、翻新、更换、扩展和其他活动。

③**需要服务。**生产者、消费者、公务员和其他粮食体系主体需要一些可以促进可持续性转型的服务（即教育、培训、活动、技术援助、保障体系、公共空间等）。其中一些服务或许可以收取费用，但许多其他服务需要外部资金。一般来说，这种资金可以通过内部和外部两种方式获得。

### 2.1 内部资金

内部资金是由不同主体（例如农民、CSA消费者、股东）共同投资的结果，他们与你共担风险。这笔费用通常不会报销。销售产品和服务产生的利润是内部资金的主要形式，尽管成员和股东也可能从利润再投资以外的渠道受益。

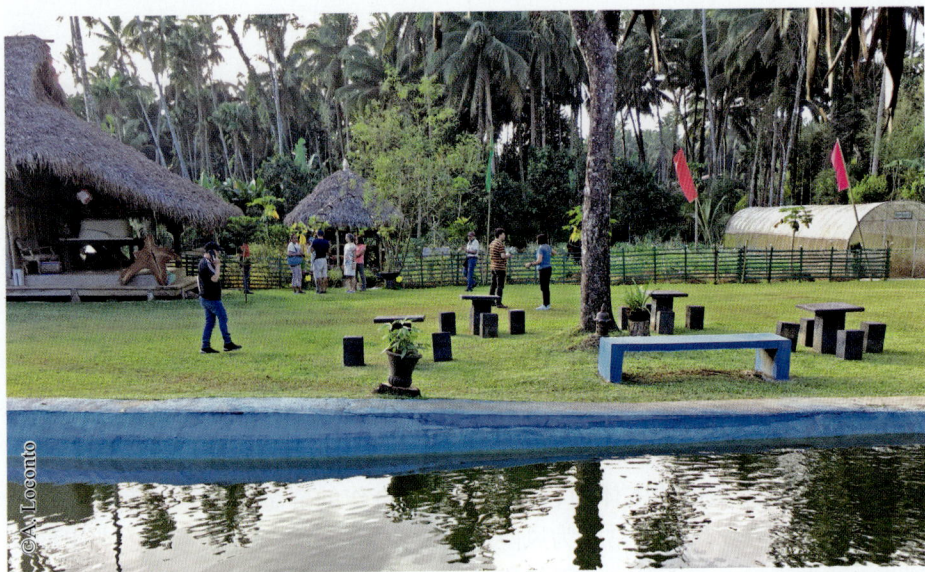

©A.Loconto

### 2.1.1　产品销售

通过将营收（产品和服务销售额）再投资来支付运营成本，是许多倡议普遍的模式。现金或实物形式的收入（例如农民成员提供的一袋大米或咖啡）是一种稳定的资金和资料来源，应该是任何倡议的基础。

**提示35**
**产品收益再投资**

▶ 列一张划分收入和支出的资产负债表。首先使用产品营收来支付运营费用。

▶ 如果收入多于支出，可以考虑能增加产品销量并促进倡议发展的投资：

● 想购买加工设备为你的产品增加更多价值吗？

● 需要卡车来运输货物吗？

● 是否需要收集点和仓储设施来扩大生产网络的覆盖范围？

● 能否为倡议的生产者、消费者或员工提供能力建设或培训？

● 想通过参加会议或贸易展览会来扩大市场、铺展网络和提升认识吗？需要为此制定差旅预算。

● 能否聘请一些人专门为生产者和消费者提供服务？

● 需要办公空间、信息技术服务和用品吗？

● 是否可以开始将部分资金存入计息账户，以备不时之需？

● 需要一个长期开放的销售场地吗？拥有永久性店面可以让消费者知道在哪里可以找到你。

## 2.1.2 生产成员储蓄团体

许多倡议是通过生产商合作发起的，他们聚集在一起以汇集更多产品。一种常见的合作模式是进行小额"资本"捐款，这些捐款存入集体管理的共同基金。在集会期间，成员投票决定如何使用存款。它们通常用于满足个别成员的需要，但也可用于增加个人或集体项目的投资。丰富的储蓄也可以应对危机时期的资金需要（插文68、插文69、插文70）。

### 插文68 社区储蓄和贷款群体（肯尼亚）

资金渠道是小农创业发展的关键驱动力。多年来，社区储蓄和贷款计划已被采用，以提高团体获得贷款和储蓄的能力，形成了集体增加农业投资和小企业收入的能力。肯尼亚参与式生态用地管理协会一直致力于推广这种可行的农民模式，以促进企业发展——例子包括农民团体，如Kamicha Kabondo农民团体和Ti-Kwenda Kwitu资助团体。在这些合作社中，储蓄被用作建立商业能力的集体投资，而不是单独的轮换基金。

资料来源：Rosinah Mbenya，肯尼亚参与式生态用地管理协会

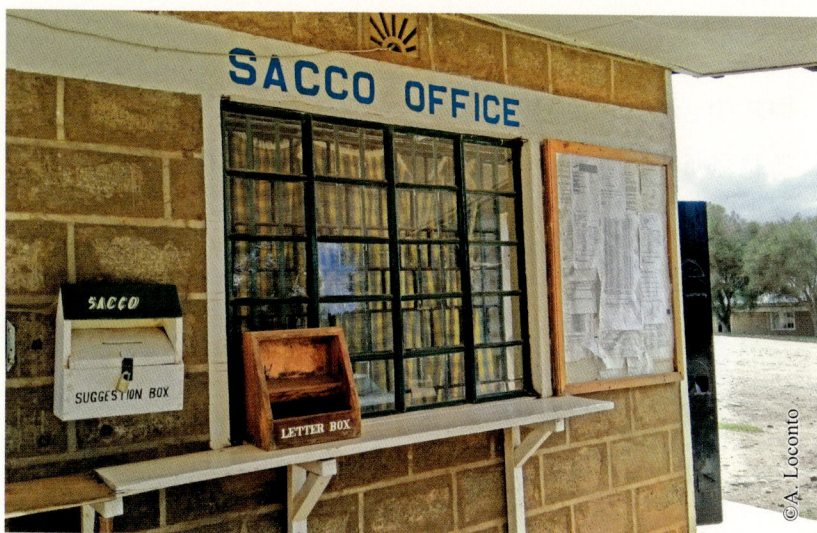

©A. Loconto.

### 2.1.3　消费者投资

说服消费者对商品和服务的生产进行投资，是一个最近常应用于吸纳当地居民入股的办法。作为合作模式中加强生产者－消费者承诺的一种常见做法，成员将支付一笔年费，该年费将用于支付倡议活动的运营成本。CSA 倡议中，在作物生长季节伊始，消费者会购买农场份额以提供生产所需的资金。

> *消费者出资的选择有很多——要有创造性！*

**插文 69　众筹融资**（中国）

"分享收获农场"运用了以个人人脉为基础的众筹融资机制。在项目初期，该团队计算了资金需求，并确定项目第一年需要 150 名成员，外加大约两个月的现金流（约合人民币 30 万元）。石嫣找来了 10 个熟人，这些人愿意在此农场运营的前五年投资。由于估计一年的蔬菜价格为每户 6 000 元人民币左右，所以五年的预付款相当于人民币 30 000 元。这些资金资料来源对"分享收获农场"来说至关重要，因为所有的"投资者"都希望能在未来五年内品尝到有机蔬菜，并且他们愿意支持这一新的、可持续的倡议。

资料来源：石嫣，中国分享收获农场

**插文 70　来自消费者的绿色支票**（巴西）

巴拉那州生态农业产品消费者协会（ACOPA）是 Ecovida 生态农业网络这一参与式认证网络的一部分，它将生态农业消费者和农民联系了起来。该协会通过让农民参与实地考察，旨在组织消费者，激励消费者与生产者之间进行知识和经验分享。ACOPA 还建立了绿色支票机制，在消费者投资的基础上对农民提供帮助。在这种机制下，消费者支付一定的资金份额来资助农民的生产活动，接受"绿色支票"的农民必须用他们的产品等值偿还。这一机制增进了消费者和生产者之间的团结与信任。

资料来源：José Antonio da Silva Marfil，巴西 Ecovida 生态农业网络

### 2.1.4 社区企业控股/成员贷款

合法注册的合作社或农民团体等社区企业可从股东手里筹集资金。随着时间的推移，成员可以逐渐增加他们的股份，而利润则通过年度股息分配。这种集体所有制不仅提供了重要的资本基础，也意味着成员们愿意深度合作，并已达成更紧密的合作关系。

季节性收获采购（例如大米或咖啡）需要大量资金来储存原材料。在泰国Nature Care俱乐部，成员们在俱乐部存钱，利率比银行高得多，而农民企业支付的利息则远低于银行贷款，这在为企业节省大量资金的同时，也增加了社区的财富。

**提示36**
**使用参与式预算**

参与式预算是公共部门常用的预算方法，目的是让公民参与关于如何使用公共资金的决策。然而，参与式方法可以很容易地应用于没有主导组织结构的私营可持续发展倡议。以下是一些关于如何开展参与式预算工作的提示：

①避免过多的细节。尽管你可能有详细的数据可用，但在参与过程中尽量使用一些相对简单的方法。这样做的主要目的是弄清楚优先事项，而不是分配了多少钱。所以请从实际预算中四舍五入的整数开始，然后用这些数字来讨论可能性。

②仅针对你有意愿更改的预算项目进行公开辩论。预算中的某些部分是不可改变的，即运营成本（如电费、租金等）。因此应该把讨论的重点放在可能的投资以及人员成本的任何增加/减少上。请将全部预算公布于众，以确保倡议的透明度和可信度。

③准备好解释具体预算决定的实际后果。承认预算削减的潜在后果（例如，减少20%的运输预算意味着交付数量不得不减少），预算增加或投资也是如此。明确指出新的办公空间在短期和长期内可以提供的好处类型。如果你要求人们以一种有意义的方式参与，则需要清楚地了解他们选择的后果。

④尽量将有关预算的线上讨论和线下讨论联系起来。在大会或其他面对面的会议上讨论预算之前，可以先使用在线参与式预算工具。在线工具可以避免无法出席的会员产生被排挤的感觉。另外，请使用适合你所在团体的信息通信技术（ICT）工具。如果你的大多数生产商和消费者不能上网，那么在线工具就是多余的，也是无效的。

## 2.2 外部资金

这些资金资料来源于在该倡议中没有利害关系且被视为"债权人"的人，即提供或出借资金的个人和组织。根据外部资料来源的类型，你可能需要偿还所有借款（赠款除外）。

### 2.2.1 公共资金

在全球范围内，政府通常会向公民提供资金，用于补贴特定类型的农业生产或者刺激地方经济。在国家层面，大额补贴通常由公共或私营机构管理，而那些向可持续粮食体系过渡的小规模生产者或创新者不易获得大额补贴。然而，通常会有潜在的公共资金来源用于资助某些活动，这些资金往往来自市政、次国家或超国家层面（插文71、插文72）。要想找到它们，你需要花时间和精力来递交申请，并且还要有靠谱的公共和私营部门合作伙伴！

---

**插文71 农业部PKVY计划（印度）**

过去十年中，印度政府制定了创新计划，用来激励、促进和资助可持续农业。其中一项计划被称为 *Paramparagat Krishi Vikas Yojana* （PKVY），意为"传统农业进步计划"，它是国家可持续农业任务（NMSA）的一部分。PKVY为农民团体提供资金，并使其参加参与式保障体系（PGS），此计划为农民提供为期三年的资金支持，用于培训、能力建设、购买生物投入品、土壤样本测试、将土地转化为有机生产以及购买农具等。该计划还资助市场建设，如包装材料、产品品牌和标签、支持购买车辆，以及组织有机展销会来销售和推广农产品。因此，全印度有20多万名农民和10多万公顷的农业用地纳入了参与式保障体系（PGS）。市场还为终端消费者提供包装好的产品。未来十年，预计将有100多万名农民和100万公顷耕地直接纳入该计划，因为政府即将推出有机村庄集群发展计划和生物村庄激励计划的模式。此外，农村发展部已决定通过其女性农民赋权计划（MKSP），实施专门针对妇女小农户的参与式保障体系（PGS）。

资料来源：Ashish Gupta，贾维克·哈特信托基金

---

©A. Loconto

### 插文72  邀请名人支持你的倡议（秘鲁）

Frutos de la Tierra 是秘鲁全国有机生产者协会（ANPE PERU）的一个集体品牌，旨在支持有机家庭农业，增加农业系统相关的生物多样性。该品牌由美食行业的领军者、世界著名的秘鲁厨师加斯顿·阿库里奥（Gastón Acurio）赞助，于2013年9月正式推出，目的是突出和认可秘鲁美食、有机小农户和文化价值观。加斯顿·阿库里奥还是秘鲁全国有机生产者协会和秘鲁美食协会（APEGA）推动厨师联盟开展的"Frutos de la Tierra"活动的重要代言人。拥有这个集体标志的农民们可为加斯顿·阿库里奥的餐厅供货，并有资格参加"米斯图拉（Mistura）"食品展销会，他们的产品涵盖秘鲁所有地区的200多种不同的有机产品。这一战略帮助秘鲁全国有机生产者协会获得了国际合作基金，并引起了农业部的关注。目前这些资金已用于改善产品营销，包括创建在线销售平台。

资料来源：Patricia Flores，国际有机农业运动联合会

## 2.2.2　获取非传统公共资源

大多数非传统公共资源是通过各级政府定期发布的"招标公告"来获得的（插文73、插文74、插文75）。尽管可以自由组建财团、支付能力建设费用和组装实体结构（例如市场摊位），但国家对符合条件的倡议类型有明确的指导方针。每个国家都以不同的方式宣布其资金的可用性，在大多数情况下，与当地公共机构建立积极的关系是很重要的。

---

**插文73　国家创新项目基金**（智利）

2010年，智利农业部在其"创新基金"的基础上发起了提案征集活动。Kom Kelluhayin合作社响应这一号召，开展了一个将土著农业社区与当地餐馆和消费者团体联系起来的项目，其目的是增加有机藜麦的供应，以发展当地旅游业和推广传统马普切美食。该资助项目帮助Kom Kelluhayin建立了一个藜麦加工厂，作为合作社的办公室、果酱加工设施和农民其他产品的储存空间。项目还为Kom Kelluhayin提供了建立当地消费者需求所需的基本资金。不仅如此，它还为当地旅游市场投资了一个租赁摊位，并为其成员的产品开发了Wemapu标签。

资料来源：Gabriel Curilef，Wemapu

---

**插文74　动用区域公共发展基金**（克罗地亚）

2013年，斯普利特-达尔马提亚地区发展与协调公共机构（RERA SD）为获得公共拨款开发了一个面向小农和青年农民的管道工程。该项目综合发展了农民和农业企业家的支持性基础设施、能力建设计划和技术支持（即帮助确定和填写申请表）。鉴于克罗地亚于2013年7月加入欧盟（成员国），而RERA SD的资金主要来自欧盟地区，其中欧洲社会基金主要以支持能力建设为主，欧洲区域发展基金主要以支持基础设施为主，欧洲农村发展基金主要用于向农民发放补助。

值得注意的是，作为一个区域性公共组织，RERA SD利用其在公共机构内的联系，为当地农民提供服务。RERA SD通过构建一套完整的支持方案，从三个不同来源筹集公共资金向生产者提供两项关键服务。首先，2015年通过EkoBiz项目建立能力建设计划，利用培训、商业支持和创业技能培训来改善有机部门的知识转移和技能培训情况。迄今为止，已经有

100多名年轻人接受了培训并得到了商业支持（例如商业计划的构想和提交欧盟资助申请的建议）。EkoBiz已直接促成新建15家企业。第二，2013年在Čaporice（特里利镇）启动的农业创业中心扩大了"特里利镇商业区"，包括新增23公顷土地和3座建筑，以支持食品加工业的初创企业（孵化器），另外还建造了现代化食品检测实验室、仓库空间、培训中心以及展览中心。最后一个阶段的项目称为3LJ能力中心，它将是一个农业应用研究中心。

资料来源：Jelena Petrov，克罗地亚公共机构RERA SD

## 插文75　官方发展援助（ODA）基金（德国和印度）

作为2008年东京协议的一部分，八国集团推动并促进了全球农业和粮食安全伙伴关系（GPAFS）的建立。

德国利用与"一个没有饥饿的世界"（SEWOH）计划相关的官方发展援助基金，为印度和非洲的各项计划提供了援助。作为该计划的一部分，通过诸如Welthungerhilfe（WHH）等组织向印度各农村地区的小农户和边缘农户（SMF）以及部落群体提供援助。

在过去十年（2005—2014年），印度在全球官方发展援助基金总额（16 340亿美元）和农业官方发展援助基金总额（760亿美元）中所占份额约为3%。然而，从德国官方发展援助基金总额（1 250亿美元）和德国农业官方发展援助基金（36亿美元）的份额来看，印度所占的份额则比较高，分别为4%和6%，这表明了德国对印度，特别是对印度农业部门的明显偏爱。德国对印度的发展援助几乎占其官方发展援助的八分之一，而其在农业官方发展援助中的份额仍保持在9%。因此，印度东部的民间社会组织（CSO）和农民团体在捐助者［如联邦经济合作与发展部（BMZ）等德国捐助方］支持下，依据自身条件，遵循生态农业原则，率先开展可持续农业运动，从而实现农业一体化。德国联邦经济合作与发展部在三个州对可持续农业和综合农业系统的小农户和边缘农户的投资表明，共同繁荣、性别平等和可持续性以及增强小农抵御力是可能实现的。

事实证明，诸如"绿色学院"和"BhoomiKA-印度生态食品"运动等倡议不仅是成功的，它们还通过建立可持续供应链对小农户的生计产生了积极的影响。

资料来源：Ashish Gupta，贾维克·哈特信托基金

### 2.2.3  开发银行

区域开发银行将针对农村发展提供大规模投资基金。尽管一般投资侧重于大型基础设施，但也有专门针对市场和支持中小规模创新举措的投资（插文76）。因此和国家农村发展银行打好交道，并与参与执行资助项目的政府部门取得联系，这一点很重要。

---

**插文76  国家农林牧业发展基金**（塞内加尔）

2011年，塞内加尔在农业部的技术监督和经济财政部的财政监督下，设立了国家农林牧业发展基金（FNDASP）（2011年11月2日第10203号法令）。

FNDASP管理和分配的资金来自：国家年度预算拨款、农牧业和渔业部门征收的跨专业协会的捐款、与当地社区共同资助项目、与私营部门共同资助项目、双边技术和金融合作伙伴（即西非经济共同体、联合国粮农组织、农发基金、世界银行、西非经货联盟）、捐赠、遗产和授权补贴。

该基金的目标是在以下方面提供有竞争力的、以合同为基础的资金。
①通过多部门的跨专业协会，提供农林牧渔推广服务。
②生产者培训。
③对生产者组织的制度支持。
④通过国家农业和农业食品研究基金（FNRAA），为农林牧渔业研究项目提供财政支持。

迄今为止，该基金已成功资助了畜牧（乳制品和肉类）、谷物（玉米、水稻）和蔬菜（番茄、洋葱）行业，同时其鼓励采取可持续模式（如采用本地品种、使用太阳能），并为这些产品创造当地市场。

资料来源：国家农林牧业发展基金，http://fndasp.sn/

---

### 2.2.4  研究项目

参与式研究正变得越来越常用以及得到越来越多的资金资助，它能够聚焦可持续粮食体系的各个方面（如生产、加工、销售、卫生等），让研究人员和从业人员共创共享知识。为这些项目提供的资金可用于支付员工工资、服务费用和投资基础设施。

获得这些资金通常需要经过竞争，大约需要6个月的等待期来确定你的申请是否被选中。准备项目提案是一项耗时的工作，需要与当地（国际）研究人员合作。因此你首先要联系认识的研究人员，然后再广泛搜寻国家和国际科学基金会发布的联系电话。

### 2.2.5 生态系统服务费用

面对气候变化，各国政府正尽可能多地制定生态系统服务付费计划。这些计划强调，政府可以通过向从事可持续农业的农民支付费用，从而在保护生物多样性和自然资源方面发挥积极作用。每个国家协调这些计划的方式不同，要么通过国际或超国家组织［例如减少毁林和森林退化所致排放量（REDD+）计划］，要么通过市级计划。无论哪种情况，它们通常都是由环境部或旅游部管理（插文77、插文78）。

---

**插文77  生态旅游社区基金计划**（特立尼达和多巴哥）

1997年，由政府运营的特立尼达和多巴哥旅游与工业发展公司（TIDCO）通过社区旅游行动计划资助了12个农村社区，帮助他们管理旅游资源，并为每个社区设立了一个旅游行动委员会。布拉索－塞科旅游行动委员会（Brasso Seco TAC）是为数不多的通过开发保护自然环境和当地文化传统，成功实现可持续发展的社区之一。2000年，TIDCO在布拉索－塞科举办了一场社区间的烹饪比赛。第二年，该活动成为每年10月在传统的"野味"季节举办的社区烹饪节。在TIDCO的持续帮助下，布拉索－塞科投资建造了一个游客设施，以改善徒步旅行者和观鸟者的生态旅游体验，并在此基础上拓展了服务功能，如提供了能够便于社区成员制作食品和工艺品的设施。该设施雇用了8名居民。2005年，该社区中标成为国家重新造林和流域恢复计划（NRWRP）的承包商，帮助保护附近的雨林。这份持续性的合同为35名社区成员提供了就业机会，这些成员负责修建和维护12条徒步小径、森林中用天然材料制成的长椅和棚屋以及道路标识。2006年，布拉索－塞科旅游行动委员会得到了旅游部的进一步支持，获得了一块15英亩（1英亩≈0.4公顷）的土地，这块土地以前是可可和咖啡种植园。他们与美洲农业合作研究所（IICA）和西印度大学可可研究所合作，重建了种植园来生产可持续的可可和咖啡。他们在森林里建造了一个传统的晒干设施，并在那里举办一年一度的丰收节，通过集体跳传统的"可可舞"来碾碎可可豆。他们会在附近的工厂包装可可豆，并在上面标注自己的品牌和美国有机认证标签以便于出口。

资料来源：Roxanne Waithe，美洲农业合作研究所和Elaine Philipps
Brasso Seco Paria TAC，特立尼达和多巴哥

---

**插文78　政府采购生态服务案例**（中国）

　　中国呼伦贝尔市位于世界三大黑土区之间，占地1 100万公顷，被认为是全中国最大的粮食产区之一，但是该地区严重依赖化学肥料。随着时间的推移，这些化肥以每年0.5个百分点的速度降解土壤中的有机质，破坏了当地土地。为了实现黑土的可持续利用、获得稳定的有机粮食、保障国家粮食安全，呼伦贝尔市政府与北京嘉博文生物科技有限公司合作，制定了一项恢复计划。他们以消费者对特定类型粮食的偏好作为出发点，立足于循环利用产业，注重用创新手段保障土地品质，通过"三位一体、粪便减量"战略，保护和改良了黑土，提高了畜禽粪便的有效利用率。他们还实施了土壤数据监测服务，经过三年的努力，有机黑小麦的生产取得了显著的进步。土地风险等级由四级降至三级，土壤有机质含量增加0.2个百分点，表层土壤从20厘米增加到30厘米，土壤养分翻了一番，抗旱性也得到了增强。2017年，该市通过政府采购招标，在1.33万公顷土地上实施了同样的战略。该项目回收了4.8万吨畜禽粪便，并将其分配回生产系统和自然养分循环。这种做法解决了相当于20万头猪的集约化生产所产生的粪肥量对环境产生负面影响的问题。

资料来源：石嫣，中国分享收获农场

## 2.2.6　私人资金

　　虽然商业银行是最常见的私人资金来源，但可持续粮食体系还可以寻找除传统金融部门之外的其他私人资金来源。由于可持续发展对于未来的粮食体系是有价值的，因此各项倡议都可找到热心且愿意支持可持续消费和生产做法的私营部门伙伴。

## 2.2.7　道德银行

　　一些国家有道德银行。道德银行与商业银行不同，因为它们在其金融投资组合中考虑到了社会问题。道德银行的贷款条件通常更灵活，并且愿意接受其他担保形式（插文79）。需要确认你所在地区有无运营的道德银行，并确定它们能够提供的金融支持类型。

**插文79 公平贸易证书作为信用担保**（拉丁美洲和非洲）

早在国际小额信贷年（2005年），就开始流传可持续性担保证书可以作为银行贷款的抵押品（因为它们证明了生产者的信誉，并承诺合乎道德的销售合同）这样的说法。然而，直到2012年，公平贸易准入基金（Fairtrade Access Fund）才得以创立。Incofin投资管理公司、国际公平贸易组织和美国格莱珉基金会合作成立了一个国际投资基金，星巴克向该基金投资了130万美元。由Incofin管理该基金，格莱珉基金会提供一系列独特的贷款产品（短期和长期）和技术援助，目的是满足小规模生产者合作社的需要；公平贸易组织有助于其进入国际市场，提供最低价格的安全保障，并为民主企业发展提供其他支助服务，而星巴克将这笔现金作为其企业社会责任（CSR）计划的一部分发放，以支持其供应商（星巴克购买了大量经公平贸易认证的咖啡）。截至2018年，该基金已向19个国家种植11种作物的农民们提供了1.28亿美元贷款。

资料来源：http://incofinfaf.com/#mission

## 2.2.8 创新比赛

在过去的5~10年里，已经设立了很多比赛和奖项来激发创新能力。尽管它们通常只关注初创企业和特定的技术，但在可持续粮食领域，组织模式也被视为创新。每场比赛都不一样，可能会为已经完成的工作或寻求资助的新想法提供奖金。当没有金钱奖励时，就会组织活动将创新者聚集在一起，产生新想法，并与投资者见面。有关这些比赛的信息经常可以在报纸、互联网和社交媒体上找到。

©A. Locomto/ C.Rousell

## 2.2.9　企业社会责任（CSR）计划和私人基金会

私人基金会和大型私营公司的企业社会责任（CSR）计划越来越有兴趣资助面向发展可持续粮食体系的创新，尤其希望对维持供应链运作的社区进行投资（插文80）。如果你在全球供应链上销售一些产品，请联系你的客户，看看他们是否愿意为你的这些活动提供资金。

> **插文80　巧克力行业中的企业社会责任计划**（科特迪瓦）
>
> 某些热带产品，如可可、咖啡、茶、糖、棕榈油，是大型食品加工商产品的关键原料。由于非政府组织对大多数单一文化生产体系的不可持续模式施加了压力，食品加工者与国际公平贸易组织和雨林联盟等第三方可持续性认证项目建立了伙伴关系，以使这些体系更具可持续性。这些项目日益认识到作物单一的不利影响，特别是在森林景观中，生产者有能力而且需要使他们的生产体系多样化。
>
> ECOOKIM是由科特迪瓦23个可可和腰果合作社组成的联盟，它开发了一个木薯生产项目，其资金来自费列罗、玛氏和托尼巧克力公司的企业社会责任（CSR）项目。这个名为"妇女赋权"的项目购买了种植材料，并对组成农村合作社的妇女农民提供培训，以管理当地市场上木薯的生产、加工和销售。虽然木薯生产的最初目的是稳定家庭粮食安全，但妇女们最终还是有了盈余，这是合作社成功的标志。因此，各社区一直在使用从公平贸易社会基金收到的资金，通过购买木薯碾磨和加工机械进一步投资于这一部门，目的是使其产品范围多样化，减少体力劳动。多样化还可以帮助他们增加可在当地市场销售的粮食作物。
>
> 资料来源：Allison Loconto，法国国家农业食品与环境研究院，Aminata Bamba，
> ECOOKIM，科特迪瓦

## 2.2.10　公民基金

向可持续粮食体系过渡的大多数地方性倡议都依赖于其社区的基层资金和其他公民的共同努力。虽然此类资助方案仍然有效，但有一些新的方法可以使项目产生超出其社区范围的影响。同时，一些社区尝试建立可以自主运作、自负盈亏的地方系统。

## 2.2.11 众筹融资

众筹融资正成为一种常见的方式，其通过在线平台接受大量个人的小额捐款，平台一般会对请求融资的组织作简短概述，并介绍它们具体的融资请求。这些平台通常包括一些国际网站，如Kickstarter、Gofundme、Indiegogo、Crowdrise，以及新兴的国家和地区网站，如m-changa、afrikwity、SliceBiz、iroko project（插文81）。在互联网上搜索"众筹融资"，可以了解你所在地区的运作情况。

### 插文81 联结三家具有社会和环境可持续性的企业（匈牙利）

Cyclonomia是一个自食其力的自行车社会合作组织；Zsamboki Biokert是一家有机蔬菜农场和可持续农业社区教育中心，每周向匈牙利布达佩斯的食品社区分发盒装蔬菜；Kantaa是一家自行组织的自行车送货公司。它们共同在布达佩斯地区创造了20多个当地可持续的就业机会。它们致力于确保使用当地制造的货运自行车分发食物，并建立了一个物流中心，为社区成员提供可持续的城市运输解决方案。

为了扩大它们的影响力，Cargonomia发起了众筹活动，为特定的投资项目筹集资金：

▶ 布达佩斯的Cyclonomia手工打造的四辆新型Long John货运自行车。

▶ 用于协助自行车在城市的丘陵地区运输的两台电动发动机。

▶ 为合作伙伴Zsambok's Organic Garden提供的一个手工制作的、人力驱动的沙拉旋转器原型。

▶ 用于开发蔬菜和面包运输与储存设备的额外材料。

资料来源：Nathalie Kpante，Cargomania

## 2.2.12 本地货币

一些社区正在尝试创建用于社区内交换产品和服务的本地货币。这些方法在社区内保持了一定的价值，同时帮助了边缘化成员更多地参与维护当地粮食体系。例如可能包括简单的以食物为基础的易货系统，这种系统已经使用了上千年。其他系统则更复杂，且依赖于印刷的钞票。值得注意的是，这些举措很难维持下去，因为其还包括粮食以外的商品和服务（插文82）。

**插文82　本地货币，什么有效，什么无效**（哥伦比亚）

地球家族的本地货币是根据波哥大"处于弱势地位的失业青年缺乏权利和机会，城市种子生产农场的老年人无法从事提高产量所需的体力活动"这种情况提出的计划。本地货币的发行方式是年轻人通过劳动获得报酬，然后用这些钱购买地球家族的产品（食物、种子等）。

**什么有效？**

①这项计划产生了培育种子所需的劳动力，而投资也只是使用国家货币的一小部分，因为国家货币通常稀缺且难以获得。

②社区有很强的社会联系，对货币的运作和整体经济有了更好的理解。

③为更多的城市花园培育了种子，其他的种子也得到了保存。

**什么无效？**

①由于参与者数量有限，这项计划没有像预期那样继续进行。当地的经济体系没有足够的营业额为更多的居民创造福利。

②该计划的规模是良好的。但如果它扩大了，就会出现伪钞、货币损失等相关问题。

③印钞的成本由公共实体承担，因此维持纸币不再可行。

④社区内部的沟通机制不足，需要更多的组织才能使本地货币有效运作。

资料来源：Oscar Nieto，地球家族

©Familia de la Tierra

## 3. 你怎样才能得到所需资金？

请记住，投资可以是现金或实物（如服务、劳动力、设备、食品等产品）。牢记这一点，以便在你遇到融资机会时能够识别出来。试试下面这些技巧：

①分析内部和外部投资来源，特别是每种投资来源的优势和劣势（在分析之前，需要一个商业计划），以及投资来源的组合。这可能会随着时间的推移而改变。

②制定评估投资来源的标准，例如贷款方标准的可持续性（如，什么样的银行，什么样的企业社会责任计划），并意识到初创企业的选择可能有限。其次，它应该以实际为导向，不要太理想化。它更有可能从自筹资金（内部）开始，因为新倡议通常没有记录来证明其融资可行性。

③制定一套后备计划，例如A计划和B计划，因为竞争性的拨款意味着你不一定能在竞争中获胜。

④管理你的成员，以加强他们对计划的承诺和投入自己个人资金的意愿。

⑤在相互信任和相互保障的基础上，与公共和私营主体建立伙伴关系。

**提示37**
**为你的计划提供资金**

▶ 尽管存在许多融资选择，但要获得它们往往并不容易。要跳出固有的思维模式，创造性地发展组合和搭配你的选择。

▶ 一个计划的生命周期不是静态的，因此你可能在不同的时间点需要不同数量的资金。试着把可能的投资来源记录下来，以便在需要的时候作为参考。

▶ 你的成员是调动内部资金和寻找外部资金的重要资源。要与成员保持公开透明的关系，以确保成员的长期忠诚度。

▶ 如果要实现财务自主，那么财务支持应该主要来自内部，而不是外部，因为这根本上更具可持续性。但如果你正在考虑扩张，你最终将需要找到外部资金。

# 学习之旅，接着读哪一章？

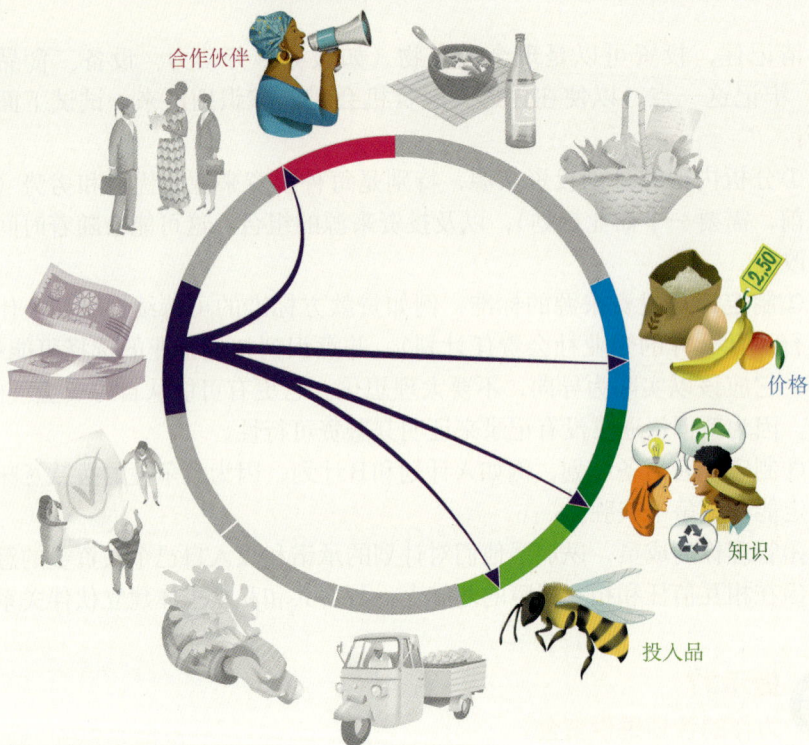

合作伙伴

价格

知识

投入品

▶ 你是否希望动员你的成员网络为新的投资提供资金？请在第11章：引入合作伙伴和支持者中了解如何做到这一点。

▶ 你是否决定申请研究经费，并需要与研究人员合作？请在第4章：知识共享共创 促进可持续生产中探索一些选择。

▶ 你想将产品销售作为核心资金策略，但不确定你可以为你的产品收取多少费用？请阅读第3章：确定"合理"价格以获得一些提示。

▶ 你是否为你的成员提供资金投入，是否在寻找更具可持续性的解决方案？这是有可能的，所以请试着参考第5章：管理和获取可持续性投入品。

继续阅读吸引你注意力的另一章怎么样？

# 第10章

## 集体工作规范化

## 1. 这为什么重要？

你正在考虑开始一项新的倡议或将你的集体工作规范化吗？

开发一个新项目具有挑战性，需要采用多种策略来将想法转化为现实。内部组织是项目成功的关键。

在一个组织或组织网络中，职责如何分配给不同的人；谁能参与决策；谁对该项目负有财务或法律责任；如何找政府部门注册，这些将在很大程度上决定你的项目能否顺利推行。

每个模式都蕴含着不同的机遇和挑战，根据想达成的目标，你可以选择不同的模式。

## 2. 为组织设定共同的目标

要加快团队进程，首先要有自我认知。以下是一些有助于集体反思共同目标的引导性问题：

①你们是谁？

②你们想成为什么样的人？

③你们想要达成什么？创造什么？生产什么？

④你们想要这个进程持续多久？

⑤你们如何取得成功？

⑥你们将如何知道实现目标的时间？

## 2.1 愿景、使命、目标及价值观

组织的愿景、使命、目标和价值观（VMGV）是建立稳固、可持续合作的基础。一些国家对组织注册有法律要求。VMGV是互补的概念；阐明它们如何将不同活动联系起来，可以帮助整个团队保持在正轨上。

▶ **愿景**是关于未来的意象。它包含了组织的长期目标。它是指引着组织走向未来的梦想。

▶ **使命**是一个组织存在的理由。这是组织战略建立的基石。它回答了一个问题：*为什么要建立这个组织？*

▶ **目标**是说明组织计划实现什么。所有的活动都是为了实现这些目标。目标反映了具体的短期或长期计划。目标应该符合SMART原则（S指具体化，M指可衡量的，A指可实现的，R指切实际的，T指有时效的）。团队应使用战略规划进程，定期修订共同宗旨和目标。

记住，在社区生产小组中，所有的生产者都应该有相似的目标。共享共同的生产目标是非常必要的，因为这与农民的承诺和产量水平有关，也有助于满足客户的期望。

▶ **价值观**相同有助于驱动可持续粮食系统倡议决策达成，并帮助成员形成核心认同感。他们还引导成员以外的其他人了解参与期望。价值观是组织采用的所有规则和标准的基础。

---

**FreshVeggies参与式保障体系公司**

**愿景**：资金充足，动机明确且运作良好的农业社区，能够种植并且提供有机产品，守护好乌干达人民的幸福和健康。

**使命**：积极与乌干达有机农业生产的小农户签约，满足健康生活、可持续生态、经济增长中对有机食品日益增长的需要。

©J. Matovu

---

**我们的目标**

促进乌干达当地有机食品的生产与消费，提升民众健康水平

改善小农生产者的家庭收入和生活条件

- 推广乌干达可持续农作体系
- 以功能性的反馈机制促进生产者与消费者连接，实现服务公平高效

**我们的核心价值观**

透明、参与
责任、质量
公平、专业

©J. Matovu

---

资料来源：FreshVeggies参与式保障体系公司愿景/使命/目标/价值观确立工作

**对照清单**

**用于定义愿景、使命、目标及价值观的引导性问题**
①我们想在周末只有少量营业额吗？
②我们是否正努力实现全时生产？
③我们希望实现多大程度的增长？
④我们希望服务多少个市场/餐厅/商店？

## 2.2　明确团队定位

明确团队定位有助于确定团队组成，而团队组成又决定团队目标。团队认同感应建立在组织的核心价值观之上。如果还有其他主体，比如倡导者、支持者、科研人员、宗教人士或政府机构想要成为一员，却有着不一样的价值观，那该怎么办？对于一个多主体机构而言，团队需要就成员资格标准、伙伴关系标准以及如何区分这两项达成共识。

为了明确这些差异，可以邀请所有潜在合作者，共同讨论愿景、使命、目标和价值观，并确定如何达成协议，以便形成战略和明确定位。或者，你可能缺乏必要的信息，不知道其他人是否和你具有相同的兴趣。在这种情况下，公开呼吁能促使大家对某个话题感兴趣（也许可以组织一次公开讨论或研讨会），看看那些感兴趣的人是否愿意正式开发一个以小组为基础的项目。

**提示38**
**形成可持续粮食体系倡议**

①**生产者主导还是消费者主导？**
知道谁是项目的推动者，有助于把重点放在总体的组织结构上，并就谁来主导决策讨论达成共识。
②**是否有充足的机会获得土地、水、劳动力、资金或投入品，这些资源是否适合计划生产的类型？**
这听起来像明知故问，但它却是启动任何农业项目必须跨越的一大障碍。
③**是否有一个完善的商业计划〔基于长约三年（或季度）的计划〕？**
农民是否受外部雇佣的，或者是否自己发起项目，关键是要估算业务生存所需的市场规模，以及如何用多样化的作物来满足消费需求。这个基于财务战略的商业计划也会影响整体的可持续性。还应讨论各种可能的收入来源问题。

④我们想扩充使命，涵盖青年和教育吗？如果想的话，怎么做？

针对成人和儿童消费者的教育项目可以增加当地可持续粮食体系的价值和深度。这些项目需要详尽的教学规划，且常需与地方教育部门进行协调。

## 2.3 优秀领导力

在可持续粮食体系中，团队内所有成员都能发挥作用，但也需要有人（或一个小组）来引导其他人。领导的风格是非常重要的，它可以积极或消极地影响集体工作和目标的实现（插文83）。

---

**插文83 有机领导力——一种生活方式的理念**

有机领导力是服务型、关系型和变革型领导风格的统一。有机领导者通过同理心影响他人。这不仅关乎目标的实现，也关乎领导者和团队实现目标的方式。有机领导力通常由六条原则组成：

①以合作为基础的关系。
②以叙事为基础的社区。
③以同理心为基础的影响。
④以探索为基础的引导。
⑤以责任为基础的真实。
⑥以人际关系为基础的网络。

资料来源：Patricia Flores，国际有机农业运动联合会
（节选自 K. Heitzman 所著《有机领导力：新型领导力》）

---

©A. Leconto

## 3. 为你的团队建立组织模型

当地情况将极大影响各参与者聚在一起并建立起有效的组织结构的方式。无论他们多么有创造力，正式的组织都要遵守国家的法律框架。

**对照清单**

**确定组织中需要的灵活性**

①你的聘用有多正式？

②你是否试图在整体可持续发展的背景下，为生产者保证一份体面的收入？

③你是否试图通过建立规则来将紧张/冲突减弱到最小？

④你是否试图让这个倡议在很长一段时间内持续下去？

⑤你是否试图在组织内部构建运营结构，划分职责，以提高效率和清晰性？

⑥你是否想通过扩大规模或向外扩张来改变你的经营规模（还可以尝试其他类似方法）？

当农民、中介和消费者共同促进粮食体系变革时，他们应按照国家法律法规进行正式登记。例如，在一些国家，农民团体如果不注册为农民合作社，就不能销售他们的产品。

与当地的公共机构讨论可能存在的不同选择。通常，它们取决于企业的计划规模、资金数额和（国内或国外的）业务类型以及所有人的数量和类型。你通常可以在网上或到你所在地区的特别办事处找到这些信息。可尝试以下方式查找信息：

▶ 线上或线下的商会。

▶ 线上或线下的当地商业机构。

**提示39**
开始创业

在你的国家开公司有多容易？可浏览以下网站，了解通常需要等待多久才能获得各类授权：

https://www.doingbusiness.org/en/reports/global-reports/doing-business-2020

　　每个国家均使用各自的法律法规来管理可能的组织形式。例如，"合作社"在不同的国家有不同的含义：可以是非营利性的，营利性的，甚至是非法的。然而，有几个"大型组织的范例"可以帮助您理解有哪些选择。下文中，我们将提供我们使用过的典型例子。

## 3.1　社会型企业和其他类型的企业

### 3.1.1　社会型企业

　　社会型企业是有以下两个目标的创收企业：①取得良好的社会、文化、社区经济和环保成果；②获取收益。这些单位可以是非营利组织，也可以是营利组织。虽然从表面上看，许多这些单位与传统企业没什么两样，但它们都极具使命感，而且常常把创收放在次要位置。

**提示40**
**核实社会型企业是否可以在你的国家合法注册**

### 3.1.2　员工持股企业

　　有几种类型的员工持股企业，包括：员工直接持股（员工是机构的主要股东）、员工间接持股（员工通过信托拥有机构的集体股份）和这两种模式的结合。在这种企业，员工承担了所有者的角色，并转变为能够决定企业前途命运的忠诚主体（插文84）。

---

**插文84　多哥巧克力公司——一家员工持股的加工企业（多哥）**

　　2012年，一群年轻的企业家创立了多哥巧克力公司，这是多哥第一家由员工集体拥有的可可加工公司，也是全国第一个生产原豆精制巧克力的品牌。为了填补国内巧克力生产和分销市场的空白，这些受过教育的巧克力商开发了一个小规模的生产设施和培训中心。解决当地妇女就业问题是他们的主要工作。自成立以来，多哥巧克力公司就打开了由多哥管理和生产的优质巧克力市场。

资料来源：Nathalie Kpante，多哥
http://www.chocofair.org/en/chocotogo

---

### 3.1.3　家族企业

家族企业是世界上最常见的商业模式（http://www.ffi.org/）。由于它们在全球范围内差异很大，而且不同公司之间也存在差异，因此很难形成统一的定义。从本质上说，家族企业是由一种多个家族成员作为主要所有者或管理者参与其中，并且大多数决策权由与公司创始人有关的家族成员持有的模式组成的。一些国家要求企业注册为私人股本企业。

### 3.1.4　贸易公司

贸易公司是一种从事把各种产品向消费者、其他企业或直接向政府销售业务的企业。贸易公司经常购买货物、代理货物，并协调货物以交付给消费者，但他们通常自己不拥有或存储货物。另外，运输公司可以拥有卡车和仓库，也可以注册为贸易公司。贸易公司可以在包括有限责任模式、非法人身份或市场独占权情况在内的不同法律框架下运作。

©A. Loconto

## 3.2 合作社

根据国际合作联盟（ICA）的定义，"合作社是自愿联合起来的个人，通过共同拥有和民主控制的企业来满足他们共同的经济、社会和文化需要及愿望的自治协会"。生产者、消费者和贸易商均可以建立合作社（插文85）。它们按照以下原则发挥作用：

①自愿和公开的社员资格。
②民主化社员管理。
③成员的经济性参与。
④自主和独立。
⑤提供教育、培训和信息。
⑥合作社间合作。
⑦对社区的关心。

---

**插文85　Hansalim合作社——农民-消费者合作结构（韩国）**

　　Hansalim合作社是世界上最大的可持续农业合作社之一。该合作社成立于1986年，总部位于韩国，截至2016年，其消费者分布超过50万个家庭。合作社拥有22个消费合作社，204个店面，销售总收入3.62亿美元，成功连接了112个农业社区和市场上的200多个家庭。这样的规模是通过吸纳现有的区域消费者合作社和农民协会来管理的。每个团体都有自己的治理体系，并在合作社的董事会中有自己的候选人。每年，两家机构的成员见面并决定各种问题，如产品定价、产品可用性、价格预算和生产稳定性，并安排节日和庆祝聚会等其他社交会议。其每个子结构都运用民主的管理方式。任何Hansalim合作社所做的宣传工作都是代表消费者和生产商进行的。

资料来源：Hansalim合作社，韩国，http://eng.hansalim.or.kr

## 3.3 非营利组织和基金会

拥有利润导向的结构或合作企业的非营利组织，允许获得除私人收入外的非政府组织和公共／捐赠资金。

### 3.3.1 提供市场支持／空间的非政府组织

非政府组织是私营部门（典型的非营利和非宗派）团体，参与并执行教育、培训、人道主义援助和合作项目。这类组织既包括主要的全球性组织，也可能是规模较小、立足本地的组织。一些非政府组织围绕单一问题（如人权或环境问题）开展活动，而其他组织则更注重分析或研究（插文86）。

**插文86 马普托土地市场**（莫桑比克）

马普托土地市场成立于2013年，由意大利非政府组织"公民自愿组织"（GVC）和国际慢食组织共同建立。土地市场上有来自莫桑比克马普托省的13个种植户和生产商，是水果和蔬菜、新鲜鸡蛋以及加工果酱的中心分销点，所有人都遵守"本地、季节性、卫生、手工制作"的口号。

这个市场是由一些非政府组织（包括意大利的公民自愿组织和Essor）、莫桑比克全国农民联盟和当地的慢食组织创办的。这是一种强调公私部门之间相互作用的伙伴关系，非政府组织在为新组织提供关联性、分析性、财政性和研究性帮助方面可以发挥作用。

资料来源：Stelio Miguel Joaquim，马普托土地市场，莫桑比克
http://www.earthmarkets.net/network/maputo

### 3.3.2 基金会

基金会分为两类：慈善基金会和私人基金会（插文87）。慈善基金会是非营利组织的一种法定类别，专门从事捐赠或资助支持公共或私营组织。私人基金会也有类似的功能，但传统上它们是由个人或家庭捐赠的，具有不同的法律地位和要求。

---

**插文87　GreenNet合作社/地球网络基金会**（泰国）

正如泰国GreenNet，不同的组织结构可能带来不同的需求。GreenNet最初注册为"GreenNet合作社"，因为这一结构符合GreenNet的公平贸易价值，并允许其作为一个贸易和出口组织获得法律认可。后来，GreenNet注册为非营利组织全球网络基金会。这种结构有资格获得外部资金，可用于发展工作、提供培训和支持新农民转而采用有机方法、发展农民企业以及促进消费者对有机产品和公平贸易的认识。因为需要非常高的投资水平来获取知识、建设基础设施和以公平的价格采购咖啡豆，所以GreenNet成立了第三家机构——GreenNet有限责任公司，主营有机森林咖啡项目。作为有限合伙制企业，它很乐意接收社会投资者投入更多的资金，从而使项目得以启动。

资料来源：Michael Commons，GreenNet，泰国
http://www.greennet.or.th/en/about/earthnet

---

## 3.4　其他组织模式

### 3.4.1　社区农业

在过去的50年里，新形式的群体决策不断涌现。例如，社区农场已经从20世纪60年代的公共农场发展成为一种成熟的形式，可以收回公地和社区土地所有权，以及通过社区土地信托或其他类似协议租赁土地，为集体粮食生产用地提供保障。

### 3.4.2　社区支持型农业

社区支持型农业是农场和消费者之间的一种合作关系，双方共担风险、共享收益。作为重新推动经济本地化的有效方法，社区支持型农业以合作为基础，

较为正式的表现是每个消费者和生产者之间的个人合同，其特征是在较长一段时间内共同承诺相互供应（金钱和食物）。社区支持型农业的基本目标如下：

- ▶ 恢复地方粮食主权。
- ▶ 促进生产者和消费者更加团结，以建设社会更加公正、更可持续的社区。
- ▶ 共享生产风险和收益。
- ▶ 保证食物供应，确保居民健康和营养。
- ▶ 培养公民责任。

### 3.4.3　网络（非正式结构）

在网络模式中，没有中央秘书处，也没有提供服务的中央协调系统，因为网络关系是非正式的。一般来说，网络是组织或个人围绕一个共同的想法或目标集体工作的松散联系。某些网络在法律上更为正式，可以为相关方提供安全保障（插文88）。

---

**插文88　网络合同**（意大利）

意大利的网络合同是一个创新工具，帮助公司之间开展合作，同时保持各自的业务独立性。其目的是提高创新能力和整体市场竞争力。各方都通过公共契约、私人公证人或批准的电子签名方式签署合同。意大利目前近有2万份此类合同，它们是创业公司法律框架的创新范例。

资料来源：网络合同登记册
http://contrattidirete.registroimprese.it/reti/index.action

---

## 4. 管控增长并找到合适的规模

决定是否扩大、如何向外扩展以及怎样扩大规模非常重要。根据所选择的组织模式，以一种创造性的方式向外扩展（在互补生产者的网络中工作）通常比扩大规模更有益（插文89）。通过与包括直接销售渠道在内的地方政府部门合作，以及与面向学校、医院和养老院提供的地方公共采购方案合作，可以协调一致地联结各种互补性的地方市场。通过多个小规模合作也能实现扩大规模的目标。

系统回顾组织目标时，应该考虑到预期的经营规模，规模大小可以根据阶段来划分。

记住：不同的规模需要不同的实体结构和组织结构。

**插文89 特拉维拉协会——有机农民协会**（智利）

特拉维拉协会是一个位于智利圣地亚哥的有机农民协会。它是智利有机运动的先驱，其宗旨是让市场中出现更多从事有机农业的农民。协会刚开始只有10个客户，现在它为包括餐厅和酒店在内的500多名客户提供食物。自2008年以来，特拉维拉协会成为国家认证的参与式保障体系。协会创始人兼首席农民领袖安德里亚·图切克说：

新的有机法规涉及农民组织（或参与式保障体系）的自我认证体系之后，有新的农民和组织希望成为我们倡议的一部分。我们注意到，经过几年，一旦他们接受了教育，知道如何管理这个体系，他们就会回到自己的社区，创建自己的体系。我们明白虽然我们可能不会增加成员数量，但我们可以帮助新成员建立一个可靠的保障体系。

换句话说，特拉维拉协会虽然未打算承担这样的作用，但事实上它却成了参与式保障体系倡议的孵化器，并向遵守国家有机农业服务标准的农民提供了有力帮助。

资料来源：Patricia Flores，国际有机农业运动联合会，秘鲁

## 4.1 管理数量增长

社区团体通常从小规模开始，然后不断壮大。一些企业会发展成为大型企业。在任何情况下，规模管理都是集团建设的关键因素。增长意味着农民数量的增加，以及在满足市场目标方面的增长。

**对照清单**

**影响团体规模的因素**

影响组织规模的因素有很多，要单独列出几个很难。不过，下面几个问题可以帮助你找到推动增长的关键要素：

①你所在城镇/地区能够开展的可持续粮食运动的规模有多大？（例如，是否具备生态治理、优质种子、销售市场、研究能力等其他条件？）

②对你们的产品有特定的需求吗？

③当地及全球的消费趋势如何？

④你有必要的资金来维持一个功能性网络吗？

⑤你想要建立的组织规模有多大？

⑥你的组织是否需要扩张或精简？

⑦还有人想要加入这个组织吗？

⑧你可以使用哪些渠道与成员进行内部沟通？（手机、聊天应用、脸书等）

### 4.1.1　选择合适的搭配

并不是每个人都适合一个既定的群体。作为生产者，你需要识别拥有相似目标的成员，并与他们进行合作。这将促进集体的成功和发展（插文90）。例如，一个为自己消费而饲养家禽的退休人员，可能不会像一对想从事专业农场的年轻夫妇那样，对扩大生产有同样的兴趣和动力。当所有的团队成员有共同的目标时，可以避免很多麻烦和冲突。

**插文90　一个网络模式的成长**（哥伦比亚）

地球家族的网络模式使他们能够对当地的社会经济动态做出及时反应，其包括新市场、家庭包容性研究项目、家庭包容性产品创新、已开发的和有需求的新产品等。

目前，波哥大的25个农村家庭参与了这个网络，他们除了种植本地马铃薯和安第斯作物外，还同时为波哥大、卡利和麦德林的12家餐馆、3家酒店和10家商店提供服务。地球家族也和3个在坎迪纳马尔卡的组织建立了合作关系，这些组织共包括约118个家庭。并且他们还与哥伦比亚国立大学农业科学系、国家学习服务中心（SENA）的教授、独立厨师、烹饪学教授以及研究相关粮食体系的大学生合作。

地球家族的发展顺应了有机农业市场的拓展以及当地的经济节奏，导致越来越多的参与者参与其中，有机生产者仅是其中一部分。他们扩大规模以适应不断变化的经济，最重要的是，适应不断增长的酒店和餐馆对健康的本地食物的需求。

资料来源：Oscar Nieto，地球家族，哥伦比亚

### 4.1.2 你的团队准备好迎接新成员了吗？

团队应该认识到，新成员可能会带来敌意，有时会使新成员最终选择离开或导致老成员离开。团队必须准备好应对新成员的到来或老成员的离去可能带来的不适。

### 4.1.3 如何对待新成员

对新成员的跟进有助于明确他们退出的原因，并更好地理解团队的变动。如果新成员喜欢这个团队，告诉他们下次会面的信息。如果老成员离开，又没有新成员替代，继续维持组织的发展将是一个挑战。

©Casa da Semente

## 4.2 如何平衡目标和能力？

要肯定你的目标，认可你的能力。使用以下技巧来找到这种平衡：
▶ 信息透明是任何集体制企业成功的关键因素。
▶ 公平性至关重要。
▶ 为那些工作时间最长的人所付出的时间提出补偿，避免让更勤奋的成员产生不平等感和挫败感。

### 4.2.1 联合决策——关键问题的解决

权力平衡的改善不仅会转化为地位，而且会转化为联合决策过程。在这一过程中，价格设定等关键问题可能成为核心问题。对参与行动的所有主体来说，这可能是赋予权力和归属感的一个主要因素。

> 记住：团队是不断发展的，因此，要建立灵活的组织结构，以便在必要时修改规则和优先级。将特定的任务分配给不同的人，在团队中分配权力和发言权，建立一个更"顺其自然的"结构化治理系统。

### 4.2.2 动态

共同目标的制定不是一劳永逸的。随着组织的成长和变化，必须定期且共同地对它们进行重新评估。SWOT分析法可以用来检查对比一个组织的绩效与它的目标。

SWOT是缩写词，指组织及其内部运作的优势（S）和劣势（W），以及决定组织运作方式的外部环境压力的机会（O）和威胁（T）。

▶ 创建一个两行两列的表，并填入与您的组织相关的SWOT。

▶ 一旦你把它们列出来，你就可以确定自己是否有优势和机会来抵消劣势和威胁。

▶ 调动你的优势和机会，优先处理紧急问题。进行能力建设或制定行动计划，以减少劣势、避免威胁。

# 5. 如何确保组织有好的未来？靠年轻人！

## 5.1　创造对年轻人有吸引力的就业机会

农业工作并不总能吸引年轻人，但这也不意味着可持续粮食体系中的所有工作都没有吸引力。

可持续粮食加工是青年在农业领域就业的一个范例。对信息技术、智能手机通信、太阳能电池板、物流和电子监控技术的日益依赖，正日益吸引受过教育的年轻人成为农业企业家（插文91）。

### 插文91　可持续生态农业行动中的青年和妇女参与（巴西）

为了把握住附加值并创造就业机会，Ecovida网络近年来成功地开发了几家小型生态农业加工厂。2000年，这样的工厂大约有10家，而现在增加到了150多家，其中90%是由妇女和青年管理的。妇女和青年从这些新工作中受益匪浅：

▶ 个人自信和自主性的增加。

▶ 在当地银行设立专门针对农村青年和妇女的新的信贷额度。

▶ 新的收入来源以及进入农业生态市场和公共采购项目的可能性（目前，一名在生态农业加工厂注册并向机构项目销售产品的青年男女每年可赚取7 000美元）。

▶ 青年在农业和农村地区的坚守。

▶ 与食品加工相关的新技术知识的创造。

资料来源：José Antonio da Silva Marfil，巴西Ecovida生态农业网络

## 5.1.2　社区化教育

社区化教育是一个强有力的工具，可以让子孙后代加入你的组织中来。想想如何让儿童和青少年参与进来，注意遵守新的法律要求。

> 请记住，核实你所在国家对工作、学徒制和志愿服务的法律规定，并在你创办项目时遵守这些规定。

**对照清单**

①你是否核实了你所在国家的合法注册要求？
②你是否使用了一个参与式的过程来明确团队的任务？
③你是否找到了最契合你提出的使命和价值观的模式？
④你是否根据当地情况调整了模式？
⑤你是否在组织中为不同的主体分配了不同的职责？
⑥你是否建立了一个系统来处理出现的问题？
⑦你的组织在相关部门登记了吗？

**提示41**
**找到并维持适度平衡**

▶ 找到合适的团队且保持长期稳定，并不是一项简单的任务。对核心价值观和责任的集体认同能让这个过程更轻松。

▶ 虽然非正式有它的优点，但将你的倡议规范化并登记，更容易获得公共和私人资助项目。

▶ 在计划开展周期的不同阶段，需要不同的组织形式。确保你的组织结构尽可能的灵活，以便在机会和威胁出现时能有效地应对它们。

▶ 改变运营规模是组织发展的必然过程。确保你的团队在扩大规模的最佳方式上达成一致，这样才能长期保持团队凝聚力。

©J. Matovu

## 学习之旅，接着读哪一章？

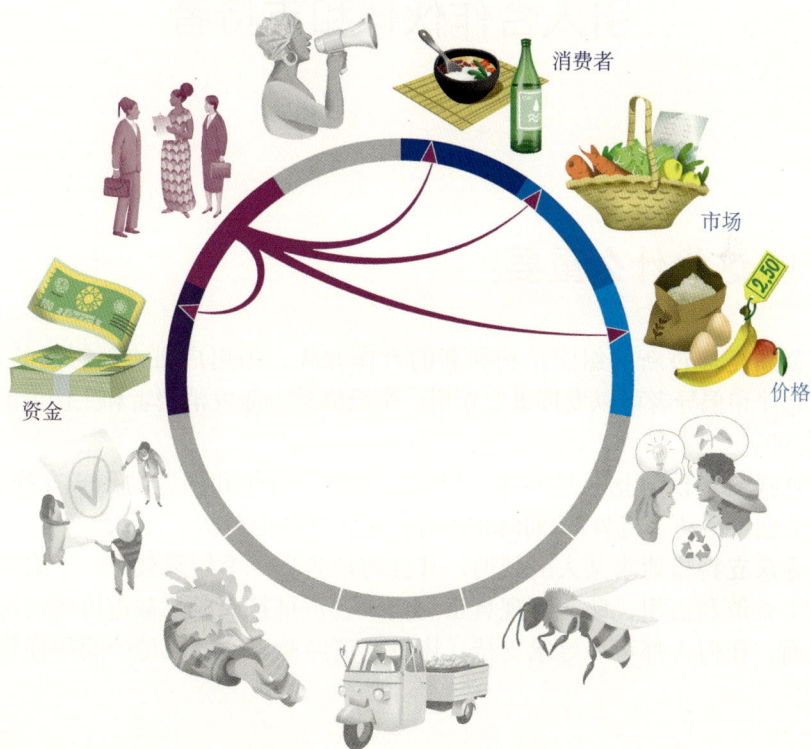

▶ 考虑发展CSA吗？请参阅第2章：了解你的市场，了解更多关于这个模式的信息。

▶ 你的项目中有农村青年教育的部分吗？回到第1章：吸引并留住消费者，来学习一些事例。

▶ 你是否想要建立一个价格制定委员会，以在你的组织中建立民主程序？直接跳到第3章：确定"合理"价格。

▶ 您的团队注册成功后，是否有必要的运营或投资资金？请回到第9章：创新性资金来收集一些想法。

或者想到了另一个章节？去看看吧！

# 第11章

## 引入合作伙伴和支持者

### 1. 这为什么重要?

创新是通过新的组织结构和新的合作方式，为用户带来新想法的过程。合作伙伴和倡导者可以发挥重要作用，牵线搭桥，激发消费者和生产者的兴趣（插文92）。

**寻找合作伙伴**指借助网络、协议、联盟、合作和同盟的形式交换信息，给你的创新活动"造势"，同时让所有合作伙伴都受益。

**寻求支持**指请求某人的帮助，其目的是防止一个创意被另一个组织或竞争对手获取和占用，防止出现真正的实践者被排挤、成果被占用等情况这样的局面。任何人都可以寻求支持，还可以请经验丰富的大型公司担任你的代言人。

**提示42**
说服利益相关方

①**政策制定者（政府）更倾向于听取有组织的团体的意见**。将一个创新的、可持续的粮食体系制度化是一个巨大挑战。一旦一项创新举措被制度化，它就失去了新颖性，创新者就会害怕失去对体系的控制。保持政府和市场参与者的长期接触可以降低这种风险。部门内主体之间形成的联盟团体（跨专业协会）可以为长期宣传提供支持机制。从我们的经验来看，政策制定者如果听取这些群体的意见，并根据他们的建议或要求采取行动，或通过谈判达成协议，就能缓解潜在的社会紧张局势。为了更好推行该项政策，一些国家的团体组织还会为决策者提供具体实施指南。

②**来自可信资料来源（如意见领袖、研究人员、科学家、宗教人士）的数据/信息能增加可信度**。创新举措若要改善现有的粮食体系秩序，需具备可

靠的资料证明（如成本效益、环境和社会效益及保障食品安全等方面）。

③**进入其他市场或更大的市场。**需求大，产量就会增加。高需求来自成熟的、主流的营销渠道，如大型连锁超市、餐厅和专卖店。然而，进入这些市场意味着要满足一定的供货质量和数量要求，这通常比直接销售更严格。因此，建立网络支持并与其他农民团体或加工商合作可能会有所帮助。有时，得到受敬重的网络或合作伙伴的背书或支持信，足以说服物流或产品经理从不同的供应商采购产品。

④**伙伴关系和网络使创新者能够调动资金。**在通常情况下，有足够的运营资金是非常必要的，因为创新举措往往需要自负成本，尽管这限制了它们发展壮大。当地和国际供资伙伴通常需要其提供充分的记录证明（如近三年的经营情况、会员人数、业务范围和社会影响），才有资格获得供资援助。一个成熟的网络支持系统可以提升获得外部资金来源的概率。

⑤**信任是合作的关键。**通过与合作伙伴达成承诺、建立信任并保持交流，逐渐形成共同目标和前瞻性愿景，这些目标和愿景奠定了伙伴关系。

**插文92　PGS：实践中的网络、合作和支持**（菲律宾）

2004年在菲律宾启动的PGS与"菲律宾农民和科学家促进农业发展项目"（MASIPAG）一起，注册了"MASIPAG农民保障体系"（MFGS）。MASIPAG帮助组织和支持的农民团体负责落实该体系。2012年，奎松省为了建立一套能在每周省会集市使用且可以对本地小型有机农民进行认证的规范体系，与MASIPAG合作启动了一个适应当地情况的PGS项目，用于培训该省的生产者。奎松PGS的经验让其他省份的决策者意识到，可以在本地市场利用PGS而非引入第三方认证。

2013年，菲律宾PGS正式启动，成为一个遍布全国的PGS倡议网络。自成立以来，菲律宾PGS与IFOAM建立了合作伙伴关系，从而获得了官方对PGS的认可。这一倡议活动导致共和国法案（RA）第10068号的实施暂停三年。RA10068是国家有机法规，是专门从事有机认证的第三方认证。三年的暂停使全国各地的PGS得以巩固和壮大。

2017年，法案恢复实施后，农业部通过农业和渔业标准局（BAFS）邀请菲律宾PGS和其他网络成员加入技术工作组（TWG），制定建立国家PGS的指导方针（旨在正式承认PGS的RA10068修正案）。2017年6月，该指南的最终草案获得了TWG成员的批准，并成为法律修订的重要参考。

资料来源：Carmen Cabling，奎松参与式保障体系

## 2. 如何建立伙伴关系？

与其他组织的伙伴关系可能涉及建立一些松散的联盟，只是暂时开展合作以实现特定的目标。而在其他情况下，伙伴关系可能会持续很长时间，并逐渐演变成具有自己的管理和治理结构的新组织。没有规定说短期的伙伴关系不能成为长期的，反之亦然。

首先，要问自己两个问题：

▶ "潜在的合作伙伴与我的倡议之间有什么共同的利益？"两个（或多个）实体或个人一旦承认他们的共同利益，就可能决定开展合作。

▶ "潜在合作伙伴之间存在什么样的辅助原则？"在这里，辅助原则被理解为若建立伙伴关系，将有助于解决个别组织无法在当地解决的问题。

回答了这两个问题后，确定您的主要合作活动，这将影响潜在合作伙伴的选择（插文93）。这些活动包括：

（1）**经验分享**

相互支持和经验分享是聚合创新项目的主要原因。很难想象一个可持续粮食体系会脱离地方粮食计划发展。新农民需要经验丰富的农民分享他们的专业知识；短供应链管理者需要向现有的分销系统学习；消费者群体需要组织框架和工作工具来开展集体工作。基于以上这些原因，"和谁建立伙伴关系？"的答案是：农民伙伴、消费者伙伴、物流伙伴、零售商伙伴和加工商伙伴。

（2）**外部沟通**

外部沟通是指"与更广泛的受众进行沟通"。最初的挑战之一是招募会员或客户。例如，一个以传统菜肴为主的地方美食节，会比任何单独组织的活动都更有效。组织这样一个活动，将展示伙伴关系或联盟组织在了解目标群体和接触方式后的成果。如果当地没有这样活跃的关系网络，那么非政府组织或地方政府每年都可以组织这样的活动。

（3）**宣传**

有些问题不能由单一的伙伴关系单独处理。比如，获取土地便是可持续粮食体系的重要部分，这类问题的难点是要满足法律规定。强大且长期的联盟将提高宣传效果。为了扩大对决策者和法律制定部门的影响，相较于与他们直接联系，选择加强宣传的效果可能更好。

（4）**研究**

几位可持续粮食体系的先驱在早期阶段就决定与一个研究团队合作。其主要目标是进行研究，从而以不同角度为创新提供支持，且有助于提出有关可持续发展的新知识。科学论证提供了可以支持宣传活动的重要数据。然而，研究不能仅仅为这些目的服务。为了找到解决方案，系统调查可持续粮食体系主体所面临的问题是关键。

### （5）市场准入

没有合规的市场准入机制，任何企业都不可能在经济上可持续发展。市场准入是建立在伙伴关系之上的：每一笔交易都可以被视为伙伴关系。为了使这些合作关系持久，需要具有长期目标的稳固供应链。基于直销的模式可以确保生产者和消费者建立长期且直接的合作关系。当然也有其他方式确保市场准入，包括依靠值得信赖的中介。要记住的重要一点是，信任是交流的基础。

### （6）资金

有些合伙关系的建立只是为了筹集资金，例如为宣传、运营或投资筹集资金。根据资金用途不同，可以与不同类型的组织合作。

---

**插文 93　消费者活动：他多么富有！（厄瓜多尔）**

2009年，厄瓜多尔的农业生态合作社同"团结与社会经济运动"一同发起了一项由民众领导的、不限成员名额的运动，名为"品尝健康的食物，拥有丰富的土地"的活动（www.QueRicoEs.org）。该倡议团结民众，并通过为家庭农民的生态农业产品创造市场，改善城乡人民的健康和生活质量，从而努力阻止工业化食品的渗透。它们把向可持续粮食体系过渡的责任完全交给了"享用食物的人"。

受到动员"消费者–公民"成为政治力量的潜力的启发，2014年10月，厄瓜多尔的农业生态合作社启动了一项名为"25万户家庭"的新国家运动。这一运动至今仍在进行中，其基础是"负责任消费"的理念，目的是动员大量"消费人群"来支持"食用生态农业健康食品，促进健康社会"的公共政策工作。他们要求消费者至少将家庭每月食品/饮料预算的一半用于直接购买或销售有机/生态农业产品和安第斯作物。该运动的主要目标是找到并联系25万个食用"美味、健康和本地"食物的家庭。为了达到这一目标，实施了多项战略，聚焦可见性、连通性和同一性。以及组织了各种讲习班和论坛，并编制了一份关于全国所有农夫市集的指南。除了举办各种讲习班和论坛外，该运动还建立了关于负责任消费的双周新闻杂志。

资料来源：Ross Mary Borja，"生态乡村"基金会，厄瓜多尔
详细资料见：http://www.fao.org/3/a-bs916e.pdf
http://www.quericoes.org

## 提示43
### 建立伙伴关系便于开展宣传

**（1）创建深思熟虑的伙伴关系**

面对多个可能的伙伴关系战略，要选择最适合你的组织的战略。明确你想和谁合作（比如，那些和你有相同价值观的人，或与你目标相似的人），并通过各种沟通的方式明确地锁定这些人和群体。与具有共同使命和愿景的伙伴合作，可以巩固资源，促进粮食体系的变革。

**（2）制定一个宣传策略**

制定一个计划！一份宣传策略有助于让每个人了解情况，分析各个主体，解决变革方式，并明确前进目标。在项目周期的特定时间点，一个强有力的宣传策略能让关键问题的目标保持一致。

**（3）让合作伙伴参与宣传的所有阶段**

从项目的最初阶段开始，承诺、积极参与、增加并允许有主要圈子以外的参与者（例如与决策者建立富有成效的外部关系）。

**（4）确定所有合作伙伴的优势**

了解每个合作伙伴的优势，充分利用关系动态和整体项目成果。一些合作伙伴贡献了他们的财务技能，而另一些则拥有社交能力或战略思考技能。充分利用这些优势和兴趣，让每个人都乐于参与其中。一些合作伙伴会比其他人更积极，而另一些可能需要一点更多的鼓励。没关系！建立战略伙伴关系需要沟通、耐心和持续的灵活性。

**（5）建立创造性的联系**

在建立宣传伙伴关系的网络时，要跳出固有思维模式。选用什么样的方式应根据实际情况进行动态调整，特别要注意不同的合作伙伴所接受的方式是不同的。例如，建立一个论坛或会议，把感兴趣的人聚集在一起，为学术刊物撰写一篇期刊文章以获得支持，或者参加一个教育研讨会。

# 3. 要动员谁来建立伙伴关系？

## 3.1　可持续粮食体系的其他主体

获得其他主体的支持是一项挑战。如果在一个小的、饱和的利基市场上存在竞争意识，大家很可能没有分享成功收益、失败经验和未来计划的意愿。相反，如果通过创造社会资本来建立集体意识，协作就会变得更容易（插文94）。

与其他主体建立伙伴关系可以：

a.借助正式的机制，如PGS（我们发现PGS能很好地提供保障，但同时也是团体学习和形成社会资本的教科书式标杆）。

b.借助分享经验的会议，收集所有不同行动的最新消息，并讨论疑虑和关切（我们发现定期举行多边会议就共同问题进行交流极其有益）。

根据我们的经验，如果餐厅的厨师正在寻找与供应商的长期合作关系，那么他们所在的餐厅就可以成为优秀的合作伙伴。当然，对生产者或贸易商来说，所有的销售都依赖单一的市场是存在风险的。为了避免建立基于依赖的伙伴关系，多样性原则就很重要。

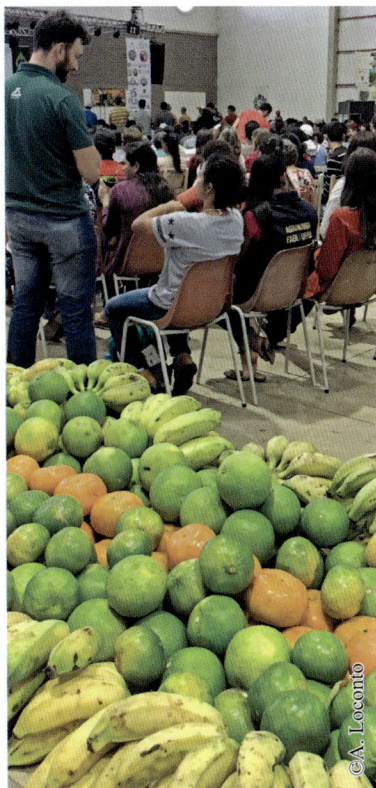

**插文94　盒子计划：创造社会资本**（厄瓜多尔）

在厄瓜多尔，当消费者协会"加那斯塔社区"和生产者组织"新一代生产者协会"建立伙伴关系时，双方领导人都提出了若干战略，以加强群体凝聚力。

这一渐进过程的基础是建立不同类型的关系。一旦这些团体见面并建立了一种熟悉感，就会通过生产者和消费者之间的互访，建立一种基于价值观、感受、兴趣和共同经历的伙伴关系。如果生产者和消费者彼此了解，他们就能以不同的方式理解各自的过程和体验。在每一篮产品交付后，生产者都会参加消费者评价会议，讨论对交付产品的印象、质量、数量以及任何其他感兴趣的话题。另一项活动是在工作会议期间，向生产者协会的成员提供反馈，这些成员还参加了"加那斯塔共同体大会"，讨论价格制定、建设/加强保障制度、种子法律、粮食主权和负责任的消费。

开展对话可以帮助生产者和消费者相互理解，相互分享，并随着时间的推移，建立和编织互惠关系，这也被称为社会资本。

▶ 第一步是建立一种以信任为基础的伙伴关系。

▶ 第二步是确定合作伙伴参与的共同原则或指导方针（例如，既需要批判，但也应该提出解决方案）。

▶ 第三，将前两步做实做大。市场和菜篮交付必须包括其他面向产品销售和购买的活动，这些活动的目的是加强已经建立的关系，发展新的关系，并围绕食品建立联盟、互动和价值观。

所有这三个步骤都可以通过伙伴关系承诺，来完成所需的任务（例如，负责后勤，组织实际活动），并在不同的场所代表该组织（例如，处理与地方政府的关系时，可能需要捍卫某一立场）。应在成员之间传递一种理念，他们应该在集体中做出积极贡献，比如分享自身知识和专业技能等。反过来，这也会进一步吸引外界投资和支持。

资料来源：Ross Mary Borja，"生态乡村"基金会

## 3.2 非政府组织

一些非政府组织在其开展业务的国家树立了积极的公众形象。如果能建立起好的伙伴关系，就可以吸引公众的注意，并提高倡议的知名度（插文95）。与非政府组织的合作可能涉及某些风险，例如非政府组织被可持续粮食体系主体视为竞争对手。一个新的非政府组织不要去取代现有主体，而是保持它的"支持"作用，仅此而已，这很重要。

**插文95　与非政府组织合作**（多哥）

在多哥首都洛美，Mytro Nunya文化中心多年持续举办社区支持农业活动。该中心是一个以分享国际团结为主题的非营利性协会，它拥有图书馆，会组织会议、辩论、音乐会和戏剧表演。可持续发展、关注健康和环境问题是该中心所倡导的主要价值观。因此，对于中心的工作人员来说，与当地的有机生产商保持联系，又与老客户保持合作似乎是很自然的事情。Mytro Nunya还会定期举办的股份分割活动和农夫市集组织活动，这些活动通常都会与电影、图书馆、会议和辩论等其他活动同期开展。

消费者被这些活动所吸引，因为他们寻求参与负责任消费的新模式。当然，这不是可以触及其潜在成员的唯一解决方案——找到最密切的利益群体需要发挥创造力。

资料来源：Judith Hitchman，国际社区支持农业联盟

## 3.3　政策制定者

创新通常会引起决策者的注意：当地管理者有兴趣监测企业家在其辖区内取得的成就（插文96）。他们看到了创造当地就业机会的潜力，并倾向于支持加强社区和社会凝聚力的行动。当然，维护可持续发展的环境也可能对一些人有吸引力。与政策制定者联系太紧密会带来一些风险，例如某个特定政党可能为了自己的目的而将倡议占为己有。因此，在任何这种伙伴关系中，有必要明确说明创新系统的非政治性。此外，接近决策者的策略也可能是有风险的。例如，如果你依赖个人关系，当出现个人冲突或者这个人辞去政治职务的情况下，可能会竹篮打水一场空。与农业和营销实践类似，政治关系的多样化会加强该倡议的韧性。

**插文96　发现并接近政策影响者**（肯尼亚）

生态用地管理运动（ELUM）的宣传战略是由"PELUM肯尼亚网络"制定的，目的是建立一个体系来协调各成员共同开展倡导行动。该战略在县和国家两级同时采用，以期解决当地社区关心的农业、气候变化适应、土地使用、可持续农业预算分配和能力建设等相关问题。

当制定2015年国家农业政策时，该"PELUM肯尼亚网络"成功游说

将PELUM纳入农业政策。PELUM的代表们依靠PELUM成员组织和他们的联系，找到国会农业委员会主席，后者动员另外4名议员，举行了早餐会议。宣传委员会主席也与农业、畜牧业和渔业部的政策主任进行了接触，双方在以前的论坛上曾进行过交流。在这些会议之前，起草了一份简报/文件，概述了PELUM对国家农业政策的立场、评论和投入。该报告随后在会议期间分享，同时分享了研究人员的支撑性证据和数据。虽然要立即说服这些核心人物并不容易，但PELUM的代表们不断以提交备忘录、举行非正式会议、上报口头简报和电话联络等方式取得了积极效果。最终，农业、牲畜和渔业部在农业政策中纳入了一项条款，正式承认传统土著知识在农业中的用途。

资料来源：Rosinah Mbenya，肯尼亚参与式生态用地管理协会

## 3.4 科研人员

越来越多的创新在早期阶段就被发现了，并由合作研究单位开展了长期监测，这种现象在有机农业、永续农业等创新实践中尤为常见。科学成果对于说服农民和决策者，以及改善倡议举措的工作习惯同样至关重要。然而，其中也有一些相关的风险：

①知识盗用可能便宜了竞争对手（即不诚信的主体会对知识产权申请专利）。

②研究结果可能是不利的，还会揭示模型的缺陷，这可能会给倡议带来不必要的关注。

要平衡好诚实和信息公开程度以及上述风险，确保研究伙伴关系能取得学术成果，同时你不会有被盗取或者背叛的感觉。就像任何其他伙伴关系一样，我们必须要与研究人员建立必要的信任。

## 3.5 私营企业

在大多数情况下，与其他企业的伙伴关系总是围绕特定的产品需求（例如与设计师合作进行广告或包装）或部门发展计划（例如与其他农民、加工商、运输商、烹饪学校和零售商的伙伴关系）而展开。私营部门规模庞大，因此可能有机会与国企或跨国企业合作，开展宣传活动或制定行业标准，这或许会造福可持续粮食体系的主体。因为你的信息有被"套用"的风险，包括知识

产权（如品牌、产品创意）和利益的公平分享（并非所有私营企业都有相同的商业模式；利润和收益的计算很可能会有所不同）都存在风险，从战略上考虑如何与私营部门主体进行互动非常重要。

### 提示44
### 找到合作伙伴和支持者

▶ 并非所有的伙伴关系都需要是永久性的。有些可能是针对某个暂时的问题，而有些可能是长期的。

▶ 巧妙地选择你的合作伙伴，不管他们来自哪个领域，要确保你们有相同的目标。

▶ 根据共同的兴趣爱好来丰富合作伙伴是很重要的，但要尽量避免建立过多的合作伙伴关系……这可能会使你忘记自己的使命！

▶ 支持是一种合伙关系，因此，将你在粮食体系中所做的改变规范化是至关重要的。然而，也要小心你的伙伴，确保他们是你事业的可靠支持者！

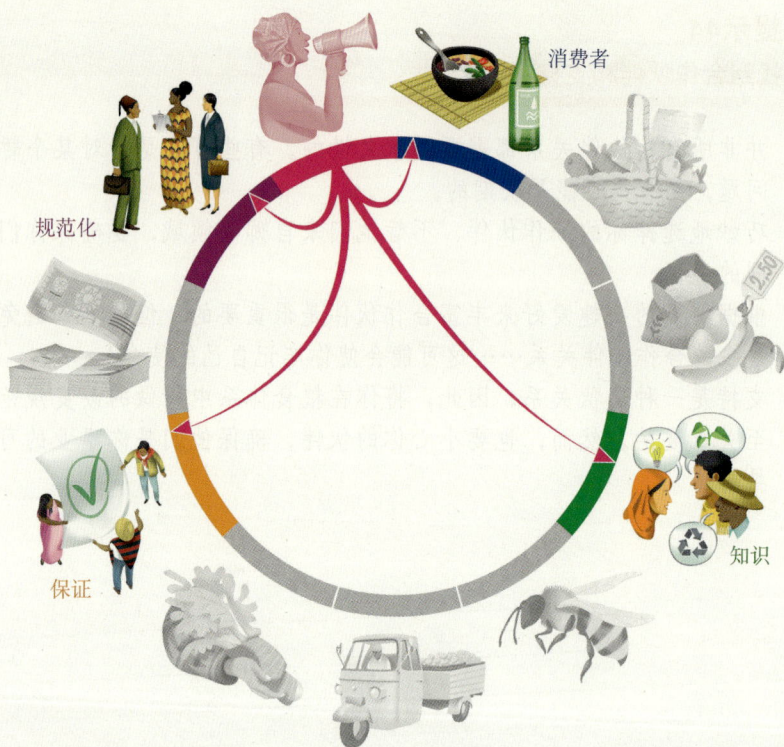

消费者

规范化

保证

知识

▶ 你想和消费者团体合作吗？通过第1章：吸引并留住消费者，找出他们感兴趣的内容。

▶ 你是否在寻找与研究人员成功合作的例子？回到第4章：知识共享共创促进可持续生产。

▶ 在与他人合作之前，你是否需要提高自己的主动性？回到第10章：集体工作规范化。

▶ 你是否希望使用PGS建立合作关系？在第8章：可持续性的保证中了解更多。

或者想到了另一个章节？去看看吧。

# 参考文献

**Bashford, Jade, Kathleen Cross, Wolfgang Eichinger, Andreas Georgakakis, Morgane Iserte, Fabian Kern, Daniel Lešinský,** *et al.* 2013. *European Handbook on Community Supported Agriculture. Sharing experiences*. Vienna. 21 pp. (also available at http://urgenci.net/wp-content/uploads/2015/03/CSA4EUrope_Handbook.pdf).

**Brondizio, ES, J Settele, S Díaz, & HT Ngo.** 2019. *Global assessment report on biodiversity and ecosystem services of the Intergovernmental Science-Policy Platform on Biodiversity and Ecosystem Services*. Bonn, DE. 1700 pp. (also available at https://ipbes.net/global-assessment).

**Crutzen, Paul J.** 2006. The "Anthropocene". *In* Eckart Ehlers and Thomas Krafft, eds., *Earth System Science in the Anthropocene*, 13-18. Berlin, Heidelberg, Springer Berlin Heidelberg.

**FAO.** 2003. *Environmental and social standards, certification and labelling for cash crops*. Rome. 120 pp. (also available at http://www.fao.org/3/a-y5136e.pdf).

**FAO.** 2007. *Agro-industrial supply chain management: concepts and applications*. Rome. 71 pp. (also available at http://www.fao.org/3/a-a1369e.pdf).

**FAO.** 2012. *World agriculture towards 2030/2050: the 2012 revision*. Rome. 154 pp. (also available at http://www.fao.org/3/a-ap106e.pdf).

**FAO.** 2014. *The State of Food and Agriculture. Innovation in Family Farming*. Rome. 161 pp. (also available at http://www.fao.org/3/a-i4040e.pdf).

**FAO.** 2016a. *Innovative markets for sustainable agriculture: How innovations in market institutions encourage sustainable agriculture in developing countries*. Rome. 390 pp. (also available at http://www.fao.org/3/a-i5907e.pdf).

**FAO.** 2016b. *Traceability: a management tool for business and governments*. Rome. 68 pp. (also available at http://www.fao.org/3/a-i6134e.pdf).

**FAO.** 2017. *Full cost accounting*. [online]. Food and Agriculture Organization of the United Nations. [Cited 13 March 2020]. http://www.fao.org/nr/sustainability/full-cost-accounting/en.

**FAO.** 2018a. *The 10 elements of agroecology guiding the transition to sustainable food and agricultural systems*. Rome. 15 pp. (also available at http://www.fao.org/3/I9037EN/i9037en.pdf).

**FAO.** 2018b. *Constructing markets for agroecology. An analysis of diverse options for marketing products from agroecology*. Rome. 214 pp. (also available at http://www.fao.org/3/i8605en/I8605EN.pdf).

**FAO.** 2018c. *FAO's work on agricultural innovation. Sowing the seeds of transformation to achieve the SDGs*. Rome. 20 pp. (also available at http://www.fao.org/3/ca2460en/ca2460en.pdf).

**FAO.** 2018d. *The International Symposium on Agricultural Innovation for Family Farmers*. [online]. Food and Agriculture Organization of the United Nations. [Cited 13 March 2020].

http://www.fao.org/about/meetings/agricultural-innovation-family-farmers-symposium/about/en.

**FAO, IFAD, UNICEF, WFP, & WHO.** 2017. *The State of Food Security and Nutrition in the World. Building resilience for peace and food security*. Rome, Food and Agriculture Organization of the United Nations. 132 pp. (also available at http://www.fao.org/3/a-I7695e.pdf).

**Fressoz, Jean-Baptiste, & Christophe Bonneuil.** 2016. *L'Événement anthropocène. La Terre, l'histoire et nous: La Terre, l'histoire et nous*. Paris, Points. 334 pp.

**Gibson-Graham, Julie Katherine.** 2008. Diverse economies: performative practices forother worlds'. *Progress in human geography* 32 (5): 613-632.

**HLPE.** 2014. *Food losses and waste in the context of sustainable food systems. A report by the High Level Panel of Experts on Food Security and Nutrition of the Committee on World Food Security.* Rome. 8 pp. (also available at http://www.fao.org/3/a-av037e.pdf).

**IFOAM.** 2019. *Definition of Participatory Guarantee Systems*. [online]. International Federation of Organic Agriculture Movements. [Cited 13 March 2020]. https://www.ifoam.bio/sites/default/files/pgs_definition_in_different_languages.pdf.

**ISO.** 2012. *Conformity assessment -- Requirements for bodies certifying products, processes and services. ISO/IEC Guide 17065*. Geneva. 27 pp. (also available at https://www.iso.org/standard/46568.html).

**Reinecke, Juliane, & Ansari Shaz.** 2015. What Is a "Fair" Price? Ethics as Sensemaking. *Organization Science* 26 (3): 867-888. https://ideas.repec.org/a/inm/ororsc/v26y2015i3p867-888.html.

**Kamaraj, R.** 2015. *POLICY NOTE 2015-2016. Demand No. 13*. Tamil Nadu. 30 pp. (also available at http://cms.tn.gov.in/sites/default/files/documents/food_e_pn_2015_16.pdf).

**Kanie, Norichika, &Frank Biermann.** 2017. *Governing through goals: Sustainable development goals as governance innovation. Earth System Governance*. Cambridge, MA, MIT Press. 333 pp.

**Morgan, David L.** 1997. *Focus groups as qualitative research*. 2nd ed. Thousand Oaks, CA, Sage. 80 pp.

**Ostrom, Marcia, Kathryn De Master, Egon Noe, & Markus Schermer.** 2017. Values-based Food Chains from a Transatlantic Perspective: Exploring a Middle Tier of Agri-food System Development. *International Journal of Sociology of Agriculture & Food* 24 (1): 1-14.

**Rockstrom, Johan, Will Steffen, Kevin Noone, Asa Persson, F. Stuart Chapin, Eric F. Lambin, Timothy M. Lenton,** *et al.* 2009. A safe operating space for humanity. Nature 461 (7263): 472-475.http://dx.doi.org/10.1038/461472a.

**TNAU.** 2015. *Cost of Cultivation : Paddy (2014-15)*. [online]. TNAU Agritech Portal. [Cited 13 March 2020]. http://agritech.tnau.ac.in/agriculture/agri_costofcultivation_rice.html.

**UN Environment.** 2020. *One Planet Network: Sustainable Food Systems Programme*. [online]. [Cited 13 March 2020]. https://www.oneplanetnetwork.org/sustainable-food-system.

**URGENCI.** 2016. *Overview of Community-Supported Agriculture in Europe*. Aubagne, Kernel Editions. 138 pp. (also available at https://urgenci.net/wp-content/uploads/2016/05/Overview-of-Community-Supported-Agriculture-in-Europe.pdf).

**Vatin, François**. 2013. Valuation as Evaluating and Valorizing. *Valuation Studies Vol. 1 (1) 2013*: 31-50.

**Whitaker, Sarah, Marie  Clotteau, Vlatko  Andonovski , Joao Azevedo, & Thomas Egger.** 2017. *Innovation and Circular Economy in the Mountain Forest Supply Chain: How to close the loop?* Paris. 75 pp. (also available at http://www.euromontana.org/wp-content/uploads/2017/03/Innovation-and-Circular-Economy-in-the-Mountain-Forest-Supply-Chain_FINAL.pdf).

**Willett, Walter, Johan Rockström, Brent Loken, Marco Springmann, Tim Lang, Sonja Vermeulen, Tara Garnett**, *et al.* 2019. Food in the Anthropocene: the EAT–Lancet Commission on healthy diets from sustainable food systems. *The Lancet* 393 (10170): 447-492.

# 笔　记

## 图书在版编目（CIP）数据

打造可持续的粮食体系：创新者手册 ／ 联合国粮食及农业组织编著；徐明等译.—北京：中国农业出版社，2022.12

(FAO中文出版计划项目丛书)

ISBN 978-7-109-30388-1

Ⅰ.①打⋯　Ⅱ.①联⋯　②徐⋯　Ⅲ.①粮食—保障体系—研究—世界　Ⅳ.①F316.11

中国国家版本馆CIP数据核字（2023）第018328号

著作权合同登记号：图字01-2022-3995号

**打造可持续的粮食体系：创新者手册**

DAZAO KECHIXU DE LIANGSHI TIXI：CHUANGXINZHE SHOUCE

---

中国农业出版社出版

地址：北京市朝阳区麦子店街18号楼

邮编：100125

责任编辑：郑　君　　文字编辑：陈思羽

版式设计：杜　然　　责任校对：刘丽香

印刷：北京通州皇家印刷厂

版次：2022年12月第1版

印次：2022年12月北京第1次印刷

发行：新华书店北京发行所

开本：700mm×1000mm　1/16

印张：14

字数：270千字

定价：98.00元

---